U0147626

轉山

白繼開 著

在梅里遇見自己

轉山，
不為登上雪山之巔，
只為跨越沿途的座座山脊，
以及自己內心的
座座壁壘。

目 錄

第二篇
轉 山

後　記

跨過無法踰越的山脊

　　一九九一年初，還在上師範的我第一次聽到梅里雪山這個名字：中日聯合登山隊在攀登主峰卡瓦格博時遭遇雪崩，十七位登山隊員全部失蹤。當時曾想，這會是怎樣一座雪山？海拔六七四〇米在雪山中並不算高，為什麼造成如此大的災難？也許有一天，我能來到這座山下，不說攀登，能看看就好。

　　二〇一〇年初，終於得願，與朋友一起去梅里。結果，在還有八十多公里就能到查里通村時，遇到修路，交通阻斷，只能含恨返回。第一次梅里之行就此終結。

　　三年後，我來到梅里雪山下，面對卡瓦格博和緬茨姆，喝茶、發呆、曬太陽，沒有京城的霧霾與擁擠，能享受短暫的休閒時光。入夜，待月亮落至梅里西坡，漫天繁星沒有了月光干擾，大把大把地灑在夜空中，與雪山相應而動——讓人動心。

　　那次離開梅里時，經過一處山坳，突然餘光被右側的場景吸引住，是

女神峰緬茨姆！天空一片雲都沒有，藍得讓人心醉。近一些的山梁上，有棵大樹，位置就在緬茨姆旁邊，靜靜守在那裡。此刻，感覺自己就像山坡上那棵樹，願意守在那裡。終有一天，樹會死去，緬茨姆依舊在那裡。

自此開始，五年間十至梅里，有時只是來看著雪山，喝茶、發呆，更多時候則是隨阿青布一起轉山，用手中的相機記錄阿青布帶著村民清理轉山路上的垃圾，記錄梅里十三峰的日出日落、陰晴雨雪。深愛一座山，絕不只是喜歡山本身，更是因為與山相關的一切。阿青布說，轉山是修行，撿垃圾也是修行，而梅里對於我，是修心。

《轉山——在梅里遇見自己》通過五年十次來到梅里的旅程，用圖片和文字記錄了數十位與梅里雪山相關的人，還有他們的故事，從點滴小事到豪邁之情，從轉山上的飲食住宿，到一路享受的風景，面對的磨礪。

卡瓦格博到底是什麼樣的，從不同的方向、不同的高度看，你會發現不同的相貌與氣質。在雪山之東，遊客雲集的飛來寺，卡瓦格博剛毅、俊朗，率領梅里眾峰與你隔瀾滄江而望。西側的甲興，卡瓦格博卻猶如一個巨大的白海螺，或是一尊臥佛，彷彿能聽到從雪山之上發出的低沉鳴響，像是誦經。想感受這一切，需要先跋山涉水走四天，才有機會領略卡瓦格博西坡風景。

緬茨姆從飛來寺看是冷艷的，兩側山脊組成尖銳的山頂，時常雲霧纏繞，像是披著披巾，或是頭紗，可從西側辛康拉埡口下的聖水營地看，它又呈現出另一番風采，似乎略胖，也多帶了一份微笑。想領略這一切，你得先有足夠的體力、毅力走到它面前，再有足夠的運氣看到沒有雲霧圍繞的雪山女神。

人如山，在不同的位置、不同的高度，都會有不同的樣子，但一切都在於你怎麼看，山還是那座山，人還是那個人。看見看不見，山都在那裡；

遇見遇不見，人還是那個人。

　　梅里雪山從沒有人登頂，就像每個人心中，有些事終究無法企及。有的人看到雪山就想自己是否能夠登頂，有的人看到雪山，只想靜靜地看著，或是用轉山的方式表達敬仰與熱愛。梅里轉山之路，需要跨越一道道山脊，體驗一路的艱辛，也給自己帶來更多感悟。現實中的一些山脊，你終究無法攀登，內心中的一些山脊，你也終究無法跨越。其實，是否跨越又有多大必要？也許，不去想這些，就能真正跨越心中那些無法踰越的山脊。

白繼開

2017 年 9 月 15 日

第一篇

看山

　　生活就是這樣，很多人總在說如何能尋找到自己理想的生活狀態，其實路口就在那裡，就看你是否會去前行，是否敢去前行……

前往梅里的路

　　梅里——雲南橫斷山脈中部，是一座北南走向的龐大雪山群，東側是瀾滄江，西側是怒江。北段稱梅里雪山，中段稱太子雪山，南段稱碧羅雪山，主峰卡瓦格博海拔六七四○米，當地藏族民眾又稱之為「阿尼卡瓦格博」或「念青卡瓦格博」，意為「卡瓦格博爺爺」或「很厲害的卡瓦格博」。

　　一九九一年，我在電視新聞上看到一則消息，中日聯合登山隊在攀登梅里雪山時遭遇雪崩，十七位登山隊員全部遇難。在那個不知網絡為何物的時代，對戶外旅行頗感興趣的我儘可能地從圖書館收集關於梅里雪山的資料，琢磨著有朝一日能去看看這座神祕的雪山。

　　二○一二年十一月，在大理拍攝完關於愛滋病與麻風病的專題，我打算去梅里，以圓多年的夢。

　　第二天一早，我坐長途車前往香格里拉，打算到那兒再找輛車去德欽縣。領略梅里雪山之壯美，首選位置是距離德欽縣城十多公里遠的飛來寺，在那裡可以從東側一覽梅里雪山壯景。

從洱源出發時，那輛載客二、三十人的長途車上沒坐幾個人，我抱著大背包坐在最後一排，尋思著這趟能舒舒服服到香格里拉，運氣好還能在後排小睡一覺。在二一四國道沒走出二十里地，車停了，十多位藏族大媽、大姐、大妹子上車，洱源溫泉很有名，她們是專程來泡溫泉的。

最後一排坐滿了，我抱著大背包實在太擠，忍了半小時，不成，太難受。前面一排的雙人座空著個座位，有位藏族大妹子坐在靠過道的座位上，於是我抱著背包擠出最後一排，連比劃帶笑臉地對大妹子說，希望她能坐到裡面靠窗的位置，我坐她旁邊，這樣能把大背包放在車廂過道。大妹子明白了我的意思，爽快地換到裡面。剛坐下沒兩分鐘，就意識到一個很大的問題，我成了焦點——這十多位大媽、大姐、大妹子關注的焦點。大家開始不停地唱歌，從藏族民歌到《北京的金山上》，還操著不大熟練的漢語唱起《我愛北京天安門》和《學習雷鋒好榜樣》，其間還夾雜著歡笑和高喊，我旁邊那位大妹子有時回應幾句，但似乎有點害羞。

感覺這勢頭是衝自己來的，就撥通了一位藏族朋友的電話，讓她幫我聽聽，大家到底說什麼。

聽了一會兒，朋友在電話裡開心地對我說，大家在勸我旁邊的大妹子，等車到站後直接把我帶回家！

眼瞅大家一時半會兒停不下來，長途車裡剩下的幾位乘客也有些不耐煩，車前排還有一個空座，旁邊是一位漢族姑娘，我走了過去。

「是不是一直有人唱歌，你感覺有些吵？」

「對啊，為什麼都唱了一小時還沒停？」

「這樣吧，我換到你這兒來坐，估計過一會兒就好了。」

姑娘有些不解，但表示同意。我回身對藏族大妹子笑了笑表示歉意，然後抱著背包挪到前面。過了十來分鐘，終於消停了。

／穿行在瀾滄江乾熱河谷裡的滇藏線／

／從香格里拉前往梅里的路邊景緻／

／杜鵑花間的白馬雪山埡口道路／

／從香格里拉前往梅里雪山經過的海拔最高處 —— 白馬雪山埡口／

此時，窗外右側出現了一座有一點兒積雪的山峰——玉龍雪山，已到麗江地界。進古城，滿眼望去都是客棧，還有大大小小的酒吧。第二天天剛亮，出門試圖在古城最安靜的時候尋找心中的麗江。但事與願違，一出門就滿眼是遊客，大家都覺著此時是遊古城的好時間。穿梭在古城的青石板路間，我努力尋找希望見到的東西，最終找到目的地——菜市場，這裡是麗江古城唯獨當地居民比遊客多的地方，還有背著背簍的納西居民，還能找到古城民風所在。

麗江的聲名遠颺讓這裡的人們生活改善，自豪感也逐步強烈，但與此同時，隨著外來元素的瘋狂湧入，麗江已不再是麗江。

離開麗江，乘長途汽車前往香格里拉，車上依然是眾多爽朗的藏族朋友，一路歡笑歌唱。下午兩點多，長途車臨近香格里拉，歡快了一路的十多位藏族朋友到站，下車時，大家都面帶微笑跟我打招呼。

「扎西德勒！」

「再見！」

「開心玩啊……」

到了香格里拉長途車站，已沒有前往德欽縣的長途車，如果想當天趕到梅里雪山，只能在車站門外包出租車。

司機叫魯茸次里，一位健碩的藏族大哥。魯茸次里的老家在德欽，在香格里拉也有房，常年在這段路上跑車，以前開大貨，後來買了這輛三菱跑旅遊包車，一個人單程六百元，一輛車坐滿也是六百元，旅遊旺季時會貴一些。一路上，老哥和我聊了很多，從他和這輛車的故事，到梅里雪山以及白馬雪山附近的路況。

「我和這輛車是離婚後又復婚的，三年前買來後開了一年，有朋友想要，我就賣掉它買了輛國產越野車，可這段路路況太差，沒一年那輛車就

到處是毛病，都快散架了，於是我低價賣掉，跑到朋友那裡又把這輛車買了回來。我不管哪個國家產的什麼牌子的車，首先是要好用，毛病得少，跑這種路，車的質量太重要了。」

聊得開心，就和魯茸次里商量，不只是送我這一趟單程，改包車。三天時間，一來一回，中間一天相對輕鬆，送我去明永冰川，一共一千四百元。成交！

五個多小時後，我們來到飛來寺，梅里雪山已經隱沒在夜色之中，想一睹尊榮只能等到第二天日出。飛來寺景區就處在二一四國道邊上，路北側遍布各種賓館旅店，南側是一家大酒店，魯茸次里說是新開的，路南側全是人家的，樓不高，但規模很大。我讓魯茸次里給我建議一家，他把我帶到那家大酒店對面，一棟四層高的商務賓館。賓館是當地人蓋的，條件一般，但該有的設施都有，價格便宜，單間一百多。

也是累了，一夜睡得還好。第二天早上六點多就醒了，因為有太多期待。

／卡瓦格博下的朝聖者／

　　突然，一束金光掠過白馬雪山山脊，迎面撞到卡瓦格博的懷中，但一切並不是要撼動這位傳奇的天神之山，而是為它披上一件金色戰袍。戰袍沿著明永冰川席捲而下，順勢鋪向瀾滄江對岸所有面對著它的人，在大家的臉上映襯出一片金色。

初見卡瓦格博

　　黎明時分，梅里雪山在淡淡的、玫瑰色的晨光之中顯現出身影，東西數十公里地橫亙在眼前，主峰卡瓦格博居中，左側是緬茨姆女神峰、吉瓦仁安五冠峰、索拉爭歸貢布紅臉神峰、布迴松階吾學英雄峰、帕巴尼頂九焯峰、十六尊者峰，右側有乃日頂卡聖山峰、瑪兵扎拉旺堆無敵降魔戰神峰、粗歸拉卡峰，還有幾座山峰在西側才能看見，它們一起組成著名的梅里十三峰。

　　突然，一束金光掠過白馬雪山山脊，迎面撞擊在卡瓦格博的懷中。金光沿明永冰川席捲而下，順勢鋪向瀾滄江對岸所有面對著它的人，在大家的臉上映襯上一片金色。

　　賓館所處的飛來寺景區在梅里雪山東側一處海拔三千三百多米的臺地上，隔瀾滄江峽谷相聚數公里。飛來寺初建於明萬曆四十二年（1614 年），距今已有四百餘年歷史，寺院得名更是有一個傳說：建寺時選址原定在現址兩公里以外，全部建築用料備好，就要開工建造的頭一天晚上，柱梁等

／雲霧中的五冠峰／

／冰舌下探到海拔三千多米的著名冰川——明永／

主要建築材料不翼而飛，住持派人尋蹤追跡。找到現址時，發現柱梁已按規格豎好。眾人於是遵照神意把寺建成於現址，並因柱梁飛來自立，命為「飛來寺」。寺內供奉著覺臥那卡扎西像與卡瓦格博神像，正殿牆壁上繪有宗喀巴大師、勝樂金剛畫像，而寺內佛塔是為紀念十世班禪視察德欽所建。

明永冰川是梅里雪山中最長的冰川，藏語稱「明永恰」，「明永」是冰川下一村寨的名字，「恰」是冰川融化之水的意思。一九九八年七月十八日，當地居民在海拔三千八百米的夏季牧場放牧時，在明永冰川中發現了大量散落的登山遺棄物，經證實為一九九一年中日聯合登山隊隊員的遺骸和遺物。

從景區大門前往觀景臺已修了大路，但我的習慣是沿可見的小路前行。小路人少安靜，路面都是落葉，色彩斑斕，除了偶爾出現的牛叫聲，以及冰川融水的奔騰聲，只有腳踩在落葉上面發出的吱嘎吱嘎聲。沿小路前行不久，發現一處曾經使用但已廢棄的觀景臺，直接面對明永冰川。冰川的層次清晰可見，就像奔騰的野馬，迎面而來。山崖上有一處小廟，從這裡向前二百多米是正在興建的棧道，已無路可走，到此為止。

傍晚，下山，魯茸次里在明永村村口等我，旁邊還坐著一位氣度不凡的喇嘛。魯茸次里與我聊了一會兒看冰川的感受，然後問能否帶這位師傅搭車下山。我說當然沒有問題，但他還是表示，不管怎麼說，車是我包的，凡事要和我商量。

師傅叫魯桑義熙，就是明永村人，在梅里南端著名的紅坡寺出家，曾是香格里拉地區辯經的頭名，現在被「借調」至香格里拉佛學院當老師。這次準備搭車先到德欽縣城，再坐第二天一早的長途車前往香格里拉。得知魯桑義熙的目的地是香格里拉，我主動邀請他第二天一起走，路上剛好多個人聊天。

晚上，在飛來寺的路邊小店吃飯，聽旁邊一桌的幾位年輕背包客聊天，其中兩位打算第二天一早坐長途車去香格里拉，於是搭話，問他們是否願意坐越野車回香格里拉，不過買長途車車票的六十元得給我做車費。兩位欣然接受，問清楚了第二天一早在哪裡見面。

黎明前，在飛來寺觀景臺拍雪山與星空，一顆流星在卡瓦格博之上的昴星團旁劃過，美好的偶遇，再也不會相見。拍星星時遇到位老哥，聊得比較投緣，老哥也打算天亮後前往香格里拉，直接邀請他一起走。魯茸次里的越野車是七座的，坐得下。老哥則邀請我去他的酒店吃飯，就是馬路南側觀景臺上方的酒店，早餐豐盛，還能在觀景臺觀景，很是有品，尋思著下次來就住這兒。

一路順利地來到香格里拉，兩位背包客撂下句「謝謝」就揚長而去，感覺有些無奈。

告別那位一起拍星空的老哥，魯桑義熙帶著我和魯茸次里去喝當地最正宗的酥油茶。他們對背包客的所為也很生氣，越來越多的此類搭車族充斥在這裡，只想儘可能地占便宜。網上甚至湧現出不少所謂的「達人」，推廣自己如何「六十八元遊西藏」，如何滿世界混吃、混喝、混住、混車。我不反對窮遊，那是個人的生活方式，但極其厭惡不勞而獲，用盡所能只是想自己得到好處，不去考慮這是否是對他人不尊重，是否是對當地淳樸民風的踐踏，是否會逐漸影響到當地居民與外來遊客的關係。

一年之後，在博客上寫了一篇關於梅里的故事——《梅里的勇氣》，其中提到了這次讓人不快的回憶。沒多久，有一條留言，說她就是那兩位背包客之一。

「很不好意思地說，我是那不付錢的背包客，看到那段話我的心一直在顫抖，久久不能平靜，進來之前還在想文章裡會不會提到我們，萬萬想

／從阿東村遠眺卡瓦格博／

不到給您留下如此糟糕的印象。之所以敢站出來一是抱不平，二是不希望以點概面抹黑了背包客的形象。後來回想，錢的事確有提過，終是我們不是，在這裡向您道歉。但我們不是有意為之，如若不是今天看到這面鏡子恐怕還不能自省。很感謝您的這一課！我們都需要人點醒……」

後來，她執意將那六十元還給了我，雖然遲了些，但還是付了車費。

是啊，誰不會犯錯呢？所有的人都會犯錯，但之後，需要能認識到錯，有勇氣面對錯。勇氣不只是行走的勇氣，也是面對的勇氣。

／明永冰川下運送遊客的騾隊／

　　騎行不是要證明什麼，在更廣闊的世界中，你隨時都能有
所得，只是這種所得未必是用金錢衡量的。挫折、堅忍、豁
達、勇氣，這都是行走中能得到的收穫。

路上的騎行者

二〇一四年七月，我隨北京的一支醫療隊前往德欽。

雨季，滇藏一帶小雨大雨不斷，持續降雨引發的泥石流和塌方等地質災害也不斷，致使西藏與雲南的大通道——二一四國道時常中斷。

一九七三年十月，全長一千九百三十公里的二一四國道滇藏線竣工通車，成為繼川藏線和青藏線後又一條進入青藏高原的重要公路。滇藏公路起落不算太大，處於海拔四千米以上的路段只有三十九公里，但途經瀾滄江和金沙江大峽谷，地質地貌複雜，自然環境惡劣，時常穿行在懸崖峭壁之間。雨季，連續不斷的降雨給道路通行與塌方搶通帶來巨大麻煩，風化嚴重的山體懸石在雨水的浸泡下更是搖搖欲墜，導致滇藏公路發生山體塌方是家常便飯。

經過養路工與十幾位司機的共同努力，塌方體邊緣在塌方三小時後打開

一條只容一輛車勉強通過的通道，司機們和騎行者抓緊時間有序通過險段。

在持續的雨季中，道路斷了修，修了斷，斷了再修……對於過往司機與遊客，路遇塌方是行程中的一段故事，而對於養路工人們來說，卻是他們雨季中的全部生活內容。

抵達白馬雪山最高的埡口，司機停車，讓幾位沒來過的朋友下車感受雲霧中的雪山。也就在這裡，我們遇到了一位同來自北京的獨行騎手。

騎行者叫李金亮，二十六歲，原本在南鑼鼓巷裡的一家客棧工作。由於體檢發現自己身體有問題，加之遇到一些情感挫折，小夥子決定出門行走，在更廣闊的世界裡尋找都市中難以尋覓的生活狀態。

相互留了聯繫方式，我們告別李金亮先行下白馬雪山，並相約如果沒什麼事，傍晚在飛來寺見面。

在縣醫院忙完當天的活，打電話給李金亮，沒想到他已經抵達飛來寺。分手後的五十來公里他只用了兩個多小時就騎完，當然，也得益於過了白馬雪山埡口有一段較長的下坡。於是，我們決定前往飛來寺，與李金亮會合，順便看看能不能看到梅里的尊容。

雨季裡，有幸一睹梅里雪山尊容的幾率很低。我們運氣出奇的好，連續已經二十來天的陰雲在我們到達飛來寺的半小時後散了，卡瓦格博和緬茨姆先後從濃密的雲層中探了出來，那一瞬間，彷彿全世界都在眼前。

拍了些照片，我們到路邊的一家小餐館吃飯聊天。

「在北京時沒有專門訓練過，最多也就是騎車去趟妙峰山。」

一年前，李金亮帶著一輛二手車出發，開始他的第一次騎行。先將自行車運到麗江，走瀘沽湖、西昌、成都，然後沿著那條被稱為騎行者走爛了的三一八國道——川藏南線前往拉薩。雖然走的人很多，但這條路依舊是經典，路遇被狗狂追，也享受過林芝的漫山花海。二十七天騎完兩千多

／雨季中難得一見的卡瓦格博／

公里，在拉薩六百元賣掉自行車和背具，然後搭車去阿里，再去尼泊爾旅行。

　　一個月前，李金亮開始自己第二次騎行，按喜好將自行車托到南寧，一個月時間，走廣西、貴州，經彝良到昆明，走大理，沿二一四國道來到梅里，再計劃用一個月時間前往西藏。他準備到西藏後還是把單車賣給有需要的騎行者。騎行是一種狀態，沒必要非留下單車做紀念，紀念在心裡，在路上。

　　亮子騎行沒有太強的時間計劃，不帶太多行李，走到哪兒住到哪兒。在他看來，騎行不是要證明什麼，在更廣闊的世界中，你隨時都能有所得，只是這種所得未必是用金錢衡量的。挫折、堅忍、豁達、勇氣，這都是行走中能得到的收穫。但也不可能一直騎行，此次結束後，他準備去一個朋友的客棧工作一段時間，畢竟還要掙錢養活自己，供自己的下一次騎行。

／騎行在滇藏線／

　　突然發現前方百米處有位徒步者在孤獨前行，就是那位
「不搭車」哥們兒！他竟然只有一條腿！突然明白為什麼他會
在背包上寫下大大的「不搭車」三個字，一定是太多司機從他
背後看到同樣的場景，內心被觸動。眼前這場景，讓人觸動，
這是行走的勇氣，更是生存的勇氣。

不搭車的「獨行者」

有一年秋天，在梅里雪山下見到一位獨腿行者，背包上也寫了三個字——「不搭車」。

那一次，從大理租車自駕，經過修繕一新的維德路前往梅里。先走二一四國道，再經維西前往飛來寺。這條路才修好不久，但受奔子欄地震影響，路面大塊落石很多，一時沒法清理，小心地繞過那些石頭，不能出任何差錯。直到晚上八點多，終於抵達飛來寺。

吃過早飯，決定出門遛彎兒。這次只有兩天時間，去雨崩又是不可能，只能再去明永冰川。開車去明永村的路上，注意到有位獨行者坐在路邊休息，一看就是位正經的徒步者，背著帶防雨外罩的戶外包，渾身散發著滄桑、疲憊，還有堅毅。

傍晚，返程路上，車燈再次掃過那位徒步者，他還是坐在路邊，這次是從背後過來，發現他背包上有三個大字——「不搭車」，三個字明顯是後寫的。有些納悶，行走在滇藏線上的大老爺們兒，如果不是刻意伸手搭

車，誰無緣無故要停下來搭你。

第二天哪裡都沒去，面對卡瓦格博和緬茨姆，喝茶、寫稿、發呆、曬太陽，沒有京城的霧霾與擁擠，享受短暫的休閒時光。

黃昏時分，在飛來寺觀景臺外的路邊看日落。飛來寺處於梅里雪山東側，日出能看日照金山，日落景緻則平淡了許多，想看梅里日落金山只能徒步四天去梅里雪山西側。此刻，盤算著來年有機會去轉山，去梅里西側的阿丙村或傳奇的甲興去看梅里日落金山的壯景。隨著陽光逐漸被卡瓦格博的山脊遮住，天涼了，此時遊客也少，幾頭毛茸茸的小毛驢在路邊追著一位身材高挑的女孩兒要吃的。女孩兒似乎也沒準備，向小毛驢攤攤手，表示很無奈。

入夜後，待月亮落至梅里西坡後，漫天繁星沒有了月光干擾，大把大把地在夜空中綻放，與雪山相應而動——讓人動心。走到一個能避開燈光的彎角拍星空，梅里雪山上的星空，發現照片右上方，有一處橢圓形亮點——是 M31！仙女座星系！從北向東逐漸升起，與下方的梅里雪山交相輝映。

午夜時分，銀河悄然從身後飛來寺的方向升起，很想一直等著看到黎明時分落於梅里雪山之上，但明天要開至少十小時的車回大理。時間就是這樣，你很在意的時候，它就跑得很快，三天很快過去，想努力抓住，卻只能是憑空揮手，更似告別，該走了，一切都足夠美好……

離開梅里之時，突然發現前方百米處有位徒步者在孤獨向前，就是那位「不搭車」哥們兒！他竟然只有一條腿！

「不搭車」哥們兒姓吳，網名「吳邪」，半年前從老家遼寧朝陽市孤身騎單車出發，向西南方，經遼寧、河北、天津、山東、河南、陝西進四川上三一八川藏南線，再成都、雅安、天全、瀘定、康定、新都橋、雅江、

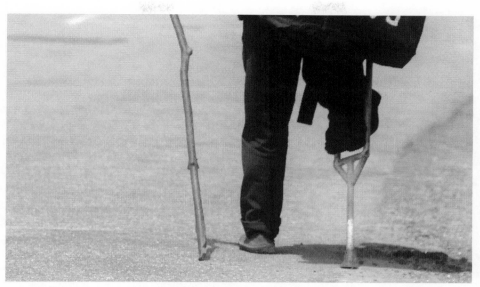

／滇藏線偶遇四年後，在川藏線再次遇見「不搭車」哥們兒——吳邪／

／飛來寺前滇藏線上的「求搭車」隊伍／

/桑煙繚繞的飛來寺觀景臺/

/遠望緬茨姆，和它身前的那棵樹/

理塘、巴塘、芒康、左貢、八宿，一路除了面對各種上坡，還努力收集著路上被人隨意丟棄的垃圾。在路上，他還收留了一條小狗，給它取名「夢夢」，並和牠做伴一起前行。從八宿改單車變徒步，經然烏、波密、通麥，到達林芝，其間從波密方向進墨脫至背崩鄉。

夢夢陪伴吳邪走了兩千來公里，後來病死了。之後，吳邪從八一鎮乘車至芒康，從川藏線與滇藏線的路口又開始徒步滇藏線，繼續他的行程。終點是哪？走著看吧。至於「不搭車」三個字，自然是吳邪不願總被問及是否需要搭車，可這幾乎同背包一樣大的三個字依舊被很多人看成「求搭車」。也怪不得誰，一路舉牌子的都是「求」，寫「不」的只此一份兒。

四年後，我前往川藏線旅行，即將到達川藏線上最著名的雪山——南迦巴瓦時，前方突然出現一個熟悉的身影——是吳邪！他再一次踏上獨自徒步進藏的旅程。這一次他是從雅安出發，準備徒步三一八，到拉薩休整後再去岡仁波齊轉山。再次遇見我，他也萌發了去梅里轉山的念頭，打算在十一月中旬梅里的幾個埡口降雪前去梅里轉山。梅里轉山不同於岡仁波齊轉山，雖然平均海拔沒有後者的轉山路線高，但路線要長四五倍，而且需要走七個高落差的埡口，最大的埡口落差達到海拔二千六百多米。這一切並不能阻止吳邪的雄心壯志。這是行走的勇氣，更是生存的勇氣。

「白兄，你有空就來梅里，看不夠嗎？」

「對呀。」

「是不是在這裡有情人呀！」

「對呀。」

「真有情人呀！她就在德欽嗎？」

「對呀。」

「姑娘叫什麼？」

「緬茨姆！」

緬茨姆之愛

　　隨著青藏高原南部與雲貴高原接壤處的陣陣風雨過後，天氣逐漸轉暖，暗藏在海拔四千多米苔原下的冬蟲開始逐漸演變為夏草，慢慢地冒出一棵棵紫紅色的芽片。

　　二〇一四年春天，在御庭酒店認識了酒店經理楊勁梅，一位個性格率真的納西族姑娘。小楊家在二百公里外的維西縣，她回家總是要經過梅里雪山的最南端，那裡是緬茨姆端坐的地方。

　　入住第二天一早，小楊邀請我隨她和酒店服務員拉初去飛來寺北側的山脊挖蟲草，在比飛來寺高將近一千米的位置，更加接近平視地看看卡瓦格博，看看緬茨姆。拉初的家就在飛來寺，她和丈夫都在酒店工作。每年五月，他們都會抽空上山找蟲草，從海拔三千五百米的飛來寺爬到四千三百多米的高山埡口，來回二十多公里，碰碰運氣。

　　德欽是蟲草的主要生產區域之一，每年五月，是農牧民上山挖冬蟲夏草的時節。梅里雪山與白馬雪山位於雲南省西北部橫斷山脈地段，地處怒

江、瀾滄江、金沙江三江並流流域，氣候屬寒溫帶山地季風性氣候。隨著海拔的升高，氣溫降低，降水增大。每年五到八月，德欽的天氣多變，一天當中，陰晴可以瞬時交替，而此時恰是蟲草、松茸及諸多極品野生菌的生長季節。

　　翻越白馬雪山來欣賞梅里雪山的遊客大多會在雪山下購買點兒蟲草，每顆單價三十元左右，比市場上的價格低一些。德欽出產的冬蟲夏草多數被送至香格里拉農副產品市場，雖然到處都聚集著許多冬蟲夏草的小老闆，但他們手裡的現貨並不多，主要是東旺與德欽的本地貨，還有不少來自四川甘孜州稻城一帶的蟲草。

　　拉初說，自己和丈夫的工作都還不錯，母親家也有地可種，能不能挖到蟲草並不那麼重要，挖到當然開心，挖不到也無所謂。每年上山挖蟲草只是一種傳統生活方式，到了七月，山上還有松茸，那時拉初有空還會上山。

　　從拉初家屋後上山，一路都是樹幹粗糙、堅硬的櫟樹，這是三千五百米海拔處常見的一種闊葉林，因為天氣寒冷，生長緩慢。上山走了三、四公里，在山脊上遇見野生的杜鵑花，花期已接近尾聲，還有少部分在裹滿松蘿的枝杈上抓緊時間努力綻放。小路邊，有一些枯死的櫟樹，樹幹已不再像活著時那般堅挺，朽了，但表面生長著一些類似木耳、地衣的植物，那是依靠它轉化而成的另一種生命體，也是櫟樹生命的延續。

　　此時，天空落下小雨，說是雨，又像霧，但比霧氣的水珠微粒要大一些。雨霧中，一個男人的身影逐漸從林帶後顯現出來，並和拉初打著招呼，還疑惑地看看我，隨後大家又結隊繼續前行。拉初說，來的人是同村的，這片山也只准許同村人上山挖蟲草，看到一個外鄉人，有些疑惑，特意問問。

／緬茨姆南側的查里頂牧場除了牧民，很少有遊客抵達，沒有飛來寺的燈光與喧囂，更加寧靜／

海拔四千米左右的山坡上大霧瀰漫，已看不到腳下山谷裡的德欽縣城，瀾滄江河谷與對面的梅里雪山也無處覓其蹤跡，但能知道卡瓦格博和緬茨姆的方向。

隨著海拔逐步升高，雨霧也逐漸轉化為霧雪，在風的攪動下掛在一些低矮灌木的枝頭，凝固、凍結，隨著風的方向，凍結的冰與雪向前生長，展現著風的方向與力量。此時，能見度已降到不足十米，依稀看到有幾個人影在前方，趴在地上，一點點向前挪，是正在挖蟲草的村民。

突然有一位高聲喊了一句，大家圍攏過來議論著，是其中一位年輕人發現了一顆蟲草。見拉初帶著朋友上山，大家送上微笑和一句「扎西德勒」，其中一位說，找蟲草很考驗眼力，看我和小楊能否找到蟲草，沒要多一會兒，小楊高喊一聲：「找到了！」被冰雪打濕的泥土與碎石間，已經有一些小草泛出綠色，其間，有一株黃褐色的芽，露出泥土約有兩釐米。

發現蟲草的年輕人用一柄小尖頭鋤衝著蟲草前面的地下用力鋤下，向後一剗，整顆蟲草與一塊泥土及草甸被刨起，他小心地整理出蟲草，又將泥土連同草甸輕輕壓回去，砸實。如果不做後面的工序，蟲草挖過後會留下一個個土坑，時間久了，就沒有蟲草可挖。

小楊接過蟲草讓我幫她拍照，這可是她找到的。隨後，小楊又出二十元買下這顆蟲草，要帶回去留作紀念。

「白兄，回去別告訴他們這是我花錢買的啊，就說是我發現的！」

「這顆蟲草本就是你找到的呀，沒人告訴你準確位置。」

我接了一句，小楊開心地笑了。風雪逐漸大起來，我們決定不去翻越面前那座海拔四千三百多米的埡口，而是原路返回。來回二十多公里，海拔提升八百米，能看到不同海拔的植物物種分布，還能有幸與村民一起挖蟲草，挺好了。

／海拔三千八百米處山坡上盛開的杜鵑花／

／從苔原中冒出頭兒的蟲草／

／一片彩雲蓋在緬茨姆頭頂，讓神女峰多了份神祕與嫵媚／

在面對梅里的山坳處，幾個人停下腳步吃簡單的午餐，對於一個有空就來梅里的人，小楊很是好奇。

「白兄，你有空就來梅里，看不夠嗎？」

「對呀。」

「是不是在這裡有情人呀！」

「對呀。」

「真有情人呀！她就在德欽嗎？」

「對呀。」

「姑娘叫什麼？」

「緬茨姆！」

梅里十三峰，最愛緬茨姆……

回到酒店，露臺的小桌上擺了一盤很新鮮的水果，色彩繽紛。坐在那裡，向西望去，遠處雲中是卡瓦格博與緬茨姆，哪怕它們有六千多米的身高，依舊無法透過雲層看到。無所謂，不管能不能看到，它們就在那裡。

第二天清晨，陽光翻越白馬雪山山脊前一刻，風終於扯開了遮住梅里十三峰已有一週時間的雲霧，卡瓦格博與緬茨姆再次出現在世人面前。陽光撞在卡瓦格博懷中，灑落在緬茨姆肩上，淡淡的玫瑰色，略有些傷感。

　　不管要走多久，總得繼續向前。今天走了四十來公里，看似不遠的最後一段路怎麼也走不到頭，還全是大上坡，時不時要用登山杖支著身體喘粗氣，想喊，卻喊不出來，渾身冒著虛汗，一點點向山上挪著。

徒步雨崩

　　從德欽縣城沿瀾滄江河谷向南，前往查里通村，去找梅里金牌轉山嚮導——阿青布，還有阿青布的朋友，此里尼瑪大哥。剛過其子水就看到車窗右側有座高聳的山峰——緬茨姆。從這個角度，只能看到緬茨姆這一座山峰，加之已下到海拔二千米左右的瀾滄江河谷，緬茨姆更顯得一身孤傲。

　　查里通村有二百八十戶二千多人口，但因處於瀾滄江乾熱河谷地帶，耕地少，人均不足五分。這裡的葡萄種植與葡萄酒釀造已有一百多年的歷史，十九世紀歐洲傳教士將葡萄種植與釀造技術帶到這裡。為提高村民收入，當地政府希望瀾滄江河谷變成造福當地百姓的「葡萄之谷」，同時根據其氣候特性，開始推廣橄欖種植。

　　眼下，我想去一個嚮往已久的地方——雨崩，那個緬茨姆之下的小村。得知我要去雨崩，同事王隊兩口子和老友左左也決定一起同行。

　　雨崩村分上、下雨崩，位於梅里雪山東南角的群山之中，因其只有兩條無法行車的小路，長期以來少有外人打擾。全村只有幾十戶人家，過去

靠放牧為生，現在則主要依靠旅遊業，開客棧接待世界各地的徒步者。雨崩上村可以通往曾經為攀登卡瓦格博而設立的中日聯合登山隊大本營，下村則通往雨崩神瀑，那是當地民眾心中的神聖之水。

阿青布是轉山嚮導中的「老炮兒」。沒到查里通時，阿青布就給我打電話，說來村裡可以住他家，如果覺得住不慣也可以去三百米外的德貢大橋橋頭，那裡有個條件還不錯的旅店。

進了村，豪爽的尼瑪大哥可不管那一套，拎起我們的裝備就走——「今天住我家！」我們也更願意和當地人一起，有交流才能真正感受到當地的傳統與文化，這比只是看看風景要有意思得多。可尼瑪大哥堅決不收我們的住宿費。見我們並不介意住村裡，阿青布馬上開腔：「今天住尼瑪家，明天那可就得住我家，否則我可不幹的！」

天色漸暗，尼瑪大哥的妻子已為我們準備好晚飯，尼瑪也拎出一個大雪碧瓶子，裡面裝的是自家釀的青稞酒。我和王隊都不喝酒，見狀有些傻眼。尼瑪則說，嘗一嘗就好，不會讓你們喝多的，如果喜歡，那就想喝多少喝多少。見酒杯裡還放著些煮熟的犛牛肉條，有些疑惑，阿青布解釋說，這種方式是當地對客人的禮遇，平時喝酒不會這樣。

小酌，微醺，入夜……

天亮後，阿青布帶來一位大男孩兒，十七、八歲的樣子，是阿青布的侄子多吉才讓。阿青布讓侄子多吉陪我們同往，一來帶路，二來誰體能不好還能幫著背些東西。我們決定從尼農峽谷進山去雨崩，再從較輕鬆的西當路線出山，尼瑪大哥開車送我們到尼農山口，一天後再去西當接我們。

與梅里外轉不同，雨崩路線又被稱為「內轉」，雨崩也叫「立崩」，發音相似，只是「雨」更顯得有詩意，於是被廣泛使用。「雨崩」是藏文中「經書」之意，相傳蓮花生大師在梅里地區藏下四大法寶，其中一個法寶就是

／雨崩之路上的朝聖者／

／雨崩之路上的朝聖者／

一本經書，藏在雨崩村的一塊巨石中，此巨石就在村子裡一座寺廟旁。傳說經書會在將來的某一天重現人世。雨崩村因充沛的降雨量及特殊的地理環境和氣候條件，植物的生態長勢茂密而又奇異，在一些老樹的主幹上寄生著許多其他植物，這種奇特現象被人們稱為「五樹同根」。這裡是康巴地區藏族民眾轉經必去之地，加之自然景色優美，一路上步步皆景，令人恍若走進世外桃源。

在多吉的帶領下，我們沿瀾滄江峽谷峭壁上的小路前行，一小時行進了三公里後，來到第一個休息地——道路拐角處的「尼農峽谷風口驛站」。這裡的確是風口，風從山谷裡傾瀉而下，驛站的木板牆壁上寫滿徒步者的留言感慨，看著倒也能讓人增添一份消遣。

「走雨崩、沒下雨、沒崩潰！」

「古有關雲長刮骨療傷，今有我小徐枴腿走雨崩。」

……

拐過這風口驛站就正式告別瀾滄江開始進山。一路向北，逐步爬升高度，從尼農至雨崩，基本上是從海拔二千米到海拔三千三百米，距離有二十多公里。

沿著溪流上山，溪水清澈，也很急，因為落差很大。一年前，朋友老楊帶著我和另外幾位朋友去北川小寨子溝。小寨子溝的水也很急，七、八米寬的河面突然收窄至兩米多點兒，站在岩石邊拍流水視頻時，不慎腳下打滑，落入水中瞬間扔掉左手的手機扒住岩石，右肩上掛著一臺萊卡 MP，我可捨不得扔。此處水深及腰，我努力克服慌亂，將身體靠在背後的岩石上，騰出的左手儘可能扒住岩石，右手則舉著相機。那種情況下必須保持將身體緊貼岩石，這樣水流也會將你按在岩石上，千萬別試圖轉身，否則會被立刻沖走。下面是一處水潭，雖然掉下去不至於淹死，但也有可能被

下面的岩石撞傷。落水也就是幾十秒鐘後，王隊跑了過來，一伸手喊了句：「把相機遞給我！」

隨後人也被拉了上來，我也是自嘲說檢驗了一下自己的應急反應能力，並渾身滴答著水，站在那塊大石頭上和大家一起留下張合影。

老楊是新聞攝影圈兒的「名角兒」，也和北川城有著無法割捨的情感。帶我們去小寨子溝時，他才做完肝移植手術不久，大量藥物致使他的手嚴重蛻皮。就這樣，老楊依舊樂觀地生活著，儘可能開心地面對自己已經快到盡頭的生命——「人生就是這樣，你哪知道自己會遇到什麼困境，遇到了，你也不可能改變什麼，告別會我都開過了，開心地活一天是一天啦。」

在那之後不久，老楊也來到梅里，見到了日照金山。

第二年春節，老楊走了，彌留之際，我趕到綿陽，代朋友們和老楊告別……

繼續沿山谷向前，懸崖上的小路寬處不過一米，窄處也就半米，旁邊就是峽谷溪流，要從這裡掉下去，絕不會像小寨子溝那麼幸運。背後有一頭騾子逐漸趕了上來，還有一位馬伕，他是受僱於一位旅行者馱物資。我們靠在山崖一側讓騾子通過。出發前阿青布就囑咐過，遇到騾子一定要靠在山崖的內側，外側非常危險，萬一被騾子擠下山澗，能找到遺體已算不錯。

下午四點多，來到下雨崩村村口，時間尚早，我和王隊打算去神瀑，因為只有兩天時間，不可能在下雨崩過夜。左左他們先行上山，去三公里外的上雨崩村休息。

為了能趕在天黑前抵達上雨崩住宿。我們一路加快了上山的節奏，不久王隊的膝蓋出現狀況。我倆都有滑膜炎，徒步強度需要控制。多吉陪著王隊稍微放慢腳步，我在前面保持節奏，一步步靠近神瀑，也是一步步靠近五冠峰和緬茨姆。它們還在雲霧之中，但能看到下部的冰雪，神瀑就是

／從上雨崩遠望緬茨姆與銀河的相會／

它們的冰雪融化飄落山崖而成。相傳，雨崩神瀑是卡瓦格博從上天取回的聖水，能占卜人的命運，消災免難、賜恩眾生。藏傳佛教信徒朝拜梅里雪山，視瀑布為聖水，會在此沐浴、飲用，有些還會用瓶子裝一些帶回家供奉。

終於，在海拔三千七百米的一處臺地上，神瀑沒有遮擋地出現在面前。冰川之水在百米高的懸崖上飄落，非常細碎的水珠撲面而來，很柔和，只是略有些涼意。再往前，有處佛塔，完全面對神瀑，前方已是道路盡頭。站在瀑布下方，享受著來自五冠峰與緬茨姆的洗禮，神瀑之水在風中輕撫擺動，時而輕柔，時而剛勁。

即將返回雨崩村的那一刻，王隊突然止步，走到佛塔旁，面對神瀑雙手合十舉過頭頂，深深一拜，五體投地。

往返三個半小時，回到了下雨崩。驀然回首，緬茨姆就在身後，聖潔挺立。想說點兒什麼，可不知道該說什麼，又覺著此時什麼話都是多餘，能看著它就足夠好……

在下雨崩路口的一家客棧，遇到早先同行的幾位旅行者。其中一個姑娘叫李莉，剛剛辭去新加坡的工作回國旅行。李莉是個熱愛戶外運動的姑娘，身材瘦小的她很難與常人印象中的東北妹子聯繫在一起。在她的徒步經歷中，雨季徒步去墨脫是最難忘的，因為痛苦。那年進墨脫時路還沒修好，雨特別大，十一個人同行，每天都是泡在水裡走，時常遇到泥石流，經歷了好幾次生死一線的狀況。晚上，幾個人在沒有棚的木板房裡烤火、喝酒，抱頭痛哭……這次梅里之行對於李莉是愜意的，隨後，她要去澳洲讀書，重新開啟自己的生活。

告別大家，繼續前往上雨崩，此時天已完全黑下來。

一個小時後，終於來到上雨崩找到「梅里第一家」，坐在桌邊一動不

想動。又過了一小時，王隊終於到了。這一天，尼農—下雨崩—神瀑—下雨崩—上雨崩，四十來公里，真的累了。從下雨崩到上雨崩，看似不遠的這段路怎麼也走不到頭，還全是大上坡，時不時要用登山杖支著身體喘粗氣，想喊，但喊不出來，渾身冒著虛汗，一點點向山上挪著。

半夜一點多，突然醒了，窗外就是緬茨姆。此時沒有月光干擾，最璀璨的南天銀河在「天蠍」和「射手」的相伴下從東向西飄向緬茨姆。此刻，緬茨姆的上方，是「巨蟹」。

拿出相機，打開窗戶，一點點手動調整調焦環，一張張試拍，直到星星們一顆顆達到最清晰的狀態，按下快門，見證緬茨姆與銀河的相會……

　　突然想去梅里，去外轉，那是一條信眾們走了七百多年的
小路，圍繞雪山徒步，二百多公里距離，在海拔一千九百米至
四千八百一十五米之間多次上下攀爬前行。

開啟轉山之路

　　雨崩之行半年後，又到了秋季，在北京，突然想去梅里外轉，那是一條信眾們走了七百多年的小路，二百多公里距離。我雖不是信徒，但為什麼不去感受一下呢？哪怕只是感受轉山沿途的秋日美景，感受海拔一千九百米至四千八百一十五米之間多次上下攀爬行走的艱辛。

　　一天內準備好大小兩個背包，睡袋、帳篷、相機、電腦、衣物，還有一雙備用鞋。給阿青布打了個電話，因為知道自己膝蓋滑膜炎的問題，不可能背著這堆東西翻越七個埡口行走二百多公里，需要他幫著雇騾子馱，還有馬伕，阿青布做轉山嚮導已有十多年，圍著梅里雪山走了一百三十多圈。

　　接到我電話一天前，阿青布剛帶隊轉完山回到家中，那是一支上百頭騾子的大型轉山隊伍，主要是各地志願者參與，清理運輸轉山道路上的垃圾。對於阿青布來說，那是一趟很艱辛的轉山過程，不只是帶著龐大的騾隊，更要命的是他左腿裡當年安在脛骨上的一塊鋼板斷了！兩年前，阿青

布騎摩托摔倒，造成左腿脛骨骨折，打了鋼板不到一年，他又跑去轉山，因為女兒要上大學，他去轉山積功德。後來感覺腿部不適，到昆明的醫院檢查，醫生有些傻眼——鋼板怎麼斷了！阿青布沒說什麼就回到查里通，他覺得沒什麼好說的，又不是人家醫院和醫生的問題，打上鋼板本就不該劇烈運動的，回家慢慢養吧。

　　得知我想來轉山，阿青布馬上說他陪我，這樣一來既能給我介紹轉山路上的傳說與典故，二來也能照顧我這個膝蓋有問題的兄弟，只是我倆加一位馬伕，就需要雇兩頭騾子。說到他那還存留著斷裂鋼板的腿，阿青布說速度別太快就沒事，反正我膝蓋也有傷病，走不快。

　　到達香格里拉的當天，我住在雪兒客棧，半年前自駕從梅里回來時曾在這處客棧住了一晚。老闆是位豪爽的西北漢子，見我是回頭客，加上十一月已到了旅遊相對淡的季節，有空房，於是直接房間升級——入住藏式大床房。晚上無事，一起聊天，嘗嘗他自釀的酒，我平日不喝酒，那天喝的到底是梅子酒、藏紅花酒還是什麼酒，已不記得，只是覺得二兩下肚已是暈暈乎乎。

　　第二天天沒亮，推開客棧大門，打車前往長途車站，十一月的清晨在香格里拉已經挺冷，乘客多半是遊客。

　　過奔子欄上白馬雪山，然後下埡口穿隧道，梅里雪山出現在車窗左側，有些雲霧，前方就是德欽縣城。縣城坐落在白馬雪山的山谷之間，沒什麼平地，一年前進縣城，司機汪曉指著縣城東北側山坡上的一片墓地對我說，那裡有個特別的名字——新家坡。

　　「德欽」是藏語，「極樂太平」之意，中心區域叫昇平鎮。此處地理位置重要，七百多年來又是作為藏地神山——卡瓦格博轉山之路的交通中轉站和物資補給地，如今這裡依舊是梅里轉山道路上唯一的城市。

／峽谷中的德欽縣城，前往轉山之門支信塘的老路在山腰上向右延伸／

正午時分，長途車開進車站，阿青布和朋友此里尼瑪已經在此等候多時。他們一早就從六十公里外的查里通村出發，來縣城接我。除了少數在縣城下車的乘客外，多數遊客會選擇留在車上，每人出六元，長途車司機會拉著大家去飛來寺，去那裡看梅里雪山。而我們此時最重要的，是午飯後去市場採購，準備明天開始轉山的各種物資。現在不同以往，梅里西側的察瓦龍鄉已經能補充物資，出發時不需要帶全部裝備，但依舊要準備三個人至少五天的口糧。

和阿青布說清楚，從此時起，所有費用支出由我來付，他能拖著傷腿帶我轉山，已是感激不盡。阿青布問我是否需要在德欽休息一天，畢竟長途跋涉直接上了高原，後面幾天又要翻越多個高低差很大的埡口。我說沒問題，對自己適應高原的速度有信心，這不還有一晚上的休息時間嘛。

隨阿青布走進市場，這裡很多攤主和阿青布早是老熟人，價格不用砍，攤主們給的就是正常賣價，我們只需要決定帶什麼，帶多少。阿青布更多的是諮詢我的意見，看我喜歡吃什麼，牛肉是必須的，還有排骨、臘肉，有些肉類必須是半加工的，不然帶在路上那麼多天，難免會變質。土豆、洋蔥等耐儲存的蔬菜也是必備，青椒、西藍花再帶一些，除此之外還需要不少大米和米線。

萬事俱備，只待出發。

／村裡的貓很少見過外人，比較緊張／

／酥油茶配奶渣是藏民族的傳統茶點／

　　「現在社會發展太快，生活必需品從過去的糌粑、酥油茶到現在的各種塑料袋包裝食品和瓶裝水，不管遊客還是當地人都在用。過去轉山幾乎不會留下什麼垃圾，但現在，垃圾污染成了影響梅里雪山極大的問題。」

阿青布的守望

二〇〇一年,一個叫高俊明的新加坡人來到查里通村。他說自己是一個在高度物慾化和太多壓力的社會裡迷失了方向且「心靈受困」的人,於是逃出了「文明」社會。阿青布當時理解不了高俊明說的那些過於現代的詞彙,但這位新加坡人幫助村子清理溝渠內的污物以保護水源,並在外轉經的路途中撿垃圾的舉動直接影響到了到這位藏族青年。慢慢的,阿青布意識到,垃圾污染將成為梅里雪山將來的一個大問題。

二〇〇三年,按照藏曆推算是梅里雪山六十年一遇的水羊年。千百年來,藏族人相信神山是有生命的,梅里雪山的屬相是羊,很多藏經佛教信眾相信羊年轉梅里雪山有大功法,便從不同的地方趕來,轉山朝聖。那是阿青布第一次在朝聖路上看到高俊明撿垃圾,讓他深受感動。於是,他開始和高俊明一起行動——在轉山路途中醒目的岩壁岩石上、枯死的樹幹上、宿營地的小賣部旁,用藏文和漢文打出標語,提示人們不要亂扔垃圾,愛護環境、保護自然;每一次去雪山外轉都會多準備一些編織袋,儘

可能多地在路上收集垃圾，並在遠離水源地的地方把垃圾以填埋等方式處理掉。

　　一年後，高俊明在幫助村民修理電路時，意外從十多米的高處跌落，摔成重傷，不得已回新加坡治療。從那時開始，每年除了嚮導的工作外，阿青布還會多次踏上外轉經之路——為了撿垃圾而去朝聖，以這樣的朝聖方式為搶救梅里雪山的自然生態而努力。漸漸的，查里通村的人也開始跟著阿青布一起撿垃圾，儘可能地出一份力。

　　從德欽向南，進入乾熱的瀾滄江峽谷，沿維德路走六十多公里就是阿青布家所在的查里通村。村口的德貢大橋橋頭有個檢查站，羊年轉山人太多，所有的人都要在此登記。德貢大橋是指德欽前往貢山的公路大橋，當地人叫羊咱橋，因橋頭村子得名。檢查站設在當地最大的旅店中，兩層樓。來此的外地車分兩類，一類是營運的長途包車，拉香客前來，另一類是自家車，一家人不遠數千里開車來到德貢大橋，家人下車轉山，留下一兩個開車繞過碧羅雪山，沿怒江從丙中洛前往梅里雪山西側的察瓦龍鄉阿丙村，一家人在那邊匯合，然後繼續向北，走左貢方向回家。

　　檢查站院子裡，偶遇梅里雪山國家公園管理局的白瑪康主局長。白局長是個有想法的人，他極力反對梅里轉山收費，不管是藏族香客還是外地遊客，希望把這裡打造成世界著名的徒步線路，利用配套設施來拉動當地的經濟發展，但越來越多的垃圾卻是一個大問題。

　　「現在社會發展太快，生活必需品從過去的糌粑、酥油茶到現在的各種塑料袋包裝食品和瓶裝水，不管遊客還是當地人都在用。過去轉山幾乎不會留下什麼垃圾，但現在，垃圾污染成了影響梅里雪山極大的問題。」

　　雖然也意識到環保問題的嚴重性，但沒有資金，僅靠白馬局長私人關係帶來的一些捐款，無法支撐梅里雪山周邊的垃圾清理工作。

/在森林裡收集垃圾的村民/

/在森林裡收集垃圾的村民/

時隔半年，再次來到阿青布家，我們做著轉山出發前的最後準備。轉山前，一家人都會來幫忙，阿青布的妹妹負責做飯，很豐盛，晚上一家人吃飯，馬伕是阿青布的大表哥，一個健壯、樸實的藏族男人，話不多但很踏實。

院子裡，阿青布的母親在一個大鋁盆前剝玉米粒，將自家種的玉米棒子相互擠搓，脫落下一粒粒玉米粒，再用那雙滄桑的手，將玉米粒和青稞粒混在一起。老人一身傳統藏式裝束，在現在這個習俗與語言正在交融混合的時代，只有上歲數的人還習慣平時穿著藏服，年輕人與中年人只是在節日中會穿上那身色彩豔麗，但有些沉重的傳統服飾。

老人不大聽得懂漢語，問了阿青布才知道，這些玉米和青稞粒不是我們路上的糧食，是給兩頭騾子準備的，到了深秋，路上草已不多，需要給騾子準備足夠的重磅糧，這樣好有力氣翻過那幾個大埡口，到了那裡，騾子再有勁兒也會累的。

在庫房，阿青布找出他的裝備，一雙很好的防水戶外徒步鞋，一對超輕高強度碳素登山杖，還有背包、睡袋、防潮墊。阿青布說這些都是他帶著轉山的朋友們送的，有些轉山之後就留給了他。鞋是一個朋友回家後給他寄來的，登山杖則是一個朋友聽說他腿受傷後給他專門挑選的。在這裡，錢並不是最重要的，禮物與情誼更讓人在意。

我也給阿青布和此里尼瑪帶了禮物，壺身刻有十一世班禪額爾德尼確吉傑布題寫的「佛」字與簽名的紫砂壺。對於這樣的禮物，他倆都很吃驚。前不久，十一世班禪來到德欽，那可是當地的盛事。

傍晚，阿青布家的大狗黃黃溜達回家，牠十二歲了，和梅里雪山一樣，都屬羊，已經與騾隊轉山八十次之多。路上牠會保護一起長大的騾子不被當地村子的狗欺負，而休息的時候，騾子會讓黃黃趴在身邊，為其遮

風擋雨。黃黃臉上有幾道明顯的疤痕，是保護騾子與當地狗打架時留下
的。看得出來，上了年紀的它有些疲憊，臥在院子裡不大愛動。

　　入夜，空中繁星點點，有些風。我住在樓上的房間，木質房頂和牆壁
並不挨著，通風好。阿青布在牆外給兩頭騾子餵夜草。遠處，瀾滄江的江
水奔騰向南，聲音很大，但都是自然的聲音，反而能安撫久居城市而變得
躁動的心。

　　睡得很熟，一夜未醒。

第二篇

轉山

　　芝信塘是轉山之路的起點，來此轉山的人要先去小廟取鑰
匙。山門本無門，鑰匙自然也無形，自在內心，心中有那把鑰
匙，山門自然就能打開。

轉山之門

丁零丁零……

伴隨著清脆的騾子鈴鐺聲，還有湍急的瀾滄江江水聲，醒了。天還沒有完全亮，不是很透亮，似乎有雲。吃過早飯，阿青布開始裝物資，我那裝滿各種裝備的七十升戶外背包，米、麵、菜、鍋，還有阿青布一家人為兩頭騾子準備的玉米、青稞混合的「重磅糧」。

阿青布將兩頭騾子牽到門前，各將一袋「重磅糧」掛在牠們頭上，將毛毯、氈子和馱架一層層地放在背上，捆扎結實，最後搭上竹筐，將物資碼放捆好。大表哥趕著兩頭騾子先行，我們飯後要去拜訪被視為轉山山門的芝信塘小廟，隨後和大表哥在永芝村匯合。

眼見兩頭騾子全副武裝出村，黃黃汪汪叫了兩聲跟著就要走，但在村口被大表哥攔住，前兩天它隨阿青布一起剛轉山回來，畢竟年紀大了，需要多休息。

早飯後，尼瑪大哥開車送我和阿青布先去芝信塘小廟。這是瀾滄江對

岸崖壁上不大的一處小廟，為紅坡寺僧人託管。就這處其貌不揚的小廟，卻是梅里轉山的山門。先路過德貢大橋登記站，阿青布拿著我的身分證去登記，讓我自己到橋頭的小商店裡買幾卷經幡。商店很簡陋，裡面除了有經幡，主要貨品是食品、飲料、膠鞋、背架。聽隨店主人的建議，買了兩卷「全家福」經幡，上面有各種不同的神像與經文，保佑各種祈福所想。雖非信徒，但掛經幡一是對轉山的尊重，二也是一種體驗與經歷。

過了橋，來到芝信塘廟門外，在阿青布的指引下，在杜鵑花枝杈間掛上一條經幡。這裡早已掛滿經幡，有的已經能明顯看出時間的痕跡，有的則是五彩斑斕，是新的。芝信塘是轉山之路的起點，來此轉山的人要先去小廟取鑰匙。山門本無門，鑰匙自然也無形，自在內心，心中有了那把鑰匙，山門自然也就能打開。

小廟有兩座佛塔、一處佛堂。佛堂外，阿青布洗淨雙手，在香爐前拿起一支松柏，沾著旁邊的清水在空中輕甩三下，口中唸唸有詞。聽不懂他說的什麼，應該是對卡瓦格博的敬仰，希望卡瓦格博保佑我們此行平安吧。

「這就是卡瓦格博！」

佛堂內，阿青布抬起胳膊五指併攏，將我的視線引向一尊將軍雕塑。

佛堂不大，但有兩尊卡瓦格博塑像和一幅卡瓦格博壁畫。兩尊塑像分別立於釋迦牟尼和蓮花生兩側，風格也不同，一尊完全是藏式武將風格，而另一尊則多了份漢人的儒雅。因為一尊是青海藏族工匠所塑，另一尊則出自漢族工匠之手。

卡瓦格博原本是苯教的「念青」，就是很厲害的山神。西元九世紀，佛教從印度傳至西藏，於是有了一種說法，來自印度的蓮花生大師與卡瓦格博鬥法，並最終降服了卡瓦格博與其他的苯教神祇。卡瓦格博皈依蓮花生門下，做了千佛之子格薩爾王麾下的護法神，梅里雪山也由此成為朝聖之

／芝信塘小廟裡的村民／

地，與西藏的岡仁波齊、青海的阿瑪尼卿和尕朵覺沃並稱為藏傳佛教四大神山，四處沿襲至今的轉山聖地。

單從轉山角度看，梅里雪山轉山，二百多公里，路線長度最長，雖然路線的平均海拔不如其他三座神山，但有七個海拔高低差很大的埡口，使之轉山難度最大。

傳統的梅里轉山路線大多要走十二三天。六十年前由於二一四國道滇藏線的修建開通，轉山路線上在梅里東側沿瀾滄江一線基本都是坐車，而如今的轉山徒步線路，是從梅里雪山南端的芝信塘開始，走西坡和北線，每天用時十五小時以上，徒步三十餘公里，最快的五六天能夠完成。

芝信塘寺院靠瀾滄江一側的牆邊，有一塊巨石，上面有人為雕琢出的一些痕跡，像是佛像。阿青布把手搭在上面，額頭輕觸岩石，口中唸唸有詞，他說，這是轉山的開始。我也學著他的樣子去做，沒唸叨什麼，但腦海裡出現了很多人，家人、朋友，祝福他們平安。

／在芝信塘小廟，出發前煨桑祈福／

／廟牆下一塊巨石處，阿青布祈求卡瓦格博護佑轉山順利。
　這是信徒眼中的一處神祇，也是轉山前必到之處／

　　沿著一條不算崎嶇的小路向上爬坡，道路兩側是各種林
木，尤其以楓樹最為耀眼。秋天陽光下，楓葉顯現出一片片的
紅色、黃色，還有深褐色。楓葉落到地下，混雜著從枝葉間穿
過來的陽光，道路也變得色彩斑斕。沒有預想的艱辛，更多的
是一份秋日中的愜意。

從永芝村到瑪追通

在永芝村，我們和大表哥匯合，做徒步前的最後調整。我隨身背一個小背包，一臺單反，一支 35mm 定焦，一支 70-200mm 變焦鏡頭，一套 Gopro，一件超薄羽絨服，一包小麵包，還有一個鋼質保溫壺。用水壺可以少買瓶裝水，儘可能少產生塑料垃圾。

阿青布帶著我先行，大表哥再稍事調整騾子背上的物資再出發。阿青布說，梅里轉山活動開始於藏傳佛教主要派系噶舉派。我們現在所走的路正是噶瑪噶舉派第二代轉世活佛噶瑪拔希於一二六八年自元大都回到康區傳經布教八年間曾經走的道路。從那時開始，藏傳佛教信徒圍繞梅里卡瓦格博神山的轉經活動，至今已持續了七百多年。藏族同胞認為每一座雪山都有自己的屬相。梅里雪山屬羊，乙未羊年是神山的本命年。在藏傳佛教的信仰裡，神山的本命年轉山能夠得到更多的福祉。

轉山最開始的一段道路有兩條，一是從芝信塘上山奔永久村，過永久埡口前往永世通，另一條則是沿著山谷經永芝村到永世通。我們第一天的

／楓林大道秋色／

徒步選擇從海拔一千九百五十米的永芝村過永世通，到海拔三千六百米的多克拉扎共有二十多公里路程。阿青布說不走最傳統的永久埡口線路主要是讓我適應轉山的節奏，讓有傷的膝蓋能適應徒步的強度。

一路行走，享受秋季的繽紛色彩，還有冰川融水的湧動。我們沿著一條不算崎嶇的小路向上爬坡，道路兩側是各種林木，尤其以楓樹最為耀眼。秋日陽光下，楓葉顯現出一片片的紅色、黃色，還有深褐色。沒有預想的艱辛，更多的是一份秋日的愜意。記得黃豆米老師在《聖地遊戲》中說，這段路有個很詩意的名字——楓林大道，在整個轉山路上都是最好的，相對平坦。如此景緻下，行走也相對更輕鬆，因為思緒都掛在那些楓樹多彩的枝葉間，身體也輕鬆了許多。走了大約五公里，前方山崖處迎面過來一隊僧侶。藏傳佛教信徒轉山是順時針轉，苯教信徒逆時針轉。卡瓦格博原本是苯教「念青」，雖皈依蓮花生門下，但每年依舊有很多苯教信徒前來轉山朝聖，人數接近轉山總人數的三成。

一處上坡拐角的休息點，路邊樹幹上掛著一個鋼絲與竹條編製的垃圾筐，裡面的空飲料瓶已幾乎裝滿。垃圾筐是阿青布帶著村民擺放的，每隔數百米就有一個，有些休息地會多放幾個。以往的垃圾筐是竹編的，雖然便宜，但過不了幾年就會因風雨侵蝕而腐爛。這種鋼絲垃圾筐是一年前放置的，阿青布專門在維西找的工匠，用廢舊輪胎裡的鋼絲編製而成，一個筐四十八元，再由駝隊運進山來，沿途擺放。做筐的錢有一部分是白馬局長通過私人關係拉來的贊助，剩下的費用只能村民們自己消化。為了梅里雪山的潔淨，大家也是義無反顧。

停下來，沒休息幾分鐘，就聽到清脆的鈴鐺聲從山下不遠處傳來，由遠及近，沒一會兒，大表哥趕著兩頭騾子出現在眼前。大表哥趕著騾子的行走速度比我們快很多，每次都是為我們打包收東西後，在途中超越我

們，到前方準備午飯或晚飯，多數情況下一天只停兩次，一次午飯，一次晚間休息。

　　三小時走了十來公里，沒怎麼覺得累就到了第一天午飯的地方，大表哥已在一處路邊茶棚準備簡單的午飯：酥油茶、烙餅、滷肉。一路上，相對平坦的地方總有茶棚，包括了伙房、旅店、小賣部。在這裡買食品自然會比山外面貴一些，方便麵一般五元一盒，可口可樂和雪碧之類的瓶裝飲料也要五元一瓶，到了再深的地方，會賣到八元一瓶，畢竟運進山裡來太費勁。茶棚裡有七八位喇嘛在休息吃飯，他們都帶著糌粑，自己有碗，抓一把隨身口袋裡的糌粑放在碗裡，再倒進一些酥油茶，慢慢揉成團吃，酥油茶是免費的，但很稀。我們自己買了酥油，大表哥拿茶棚的壺自己打酥油茶，先用刀剁一塊酥油倒進水已燒熱的茶壺裡，再放進一根留著少許樹杈的樹枝快速揉搓，將酥油打散、溶解。隨後，又用刀將拳頭大的一塊滷肉切成片，大家喝著酥油茶，用滷肉片就著烙餅當午飯。

　　填了幾塊烙餅和滷肉後，三個人圍在篝火邊閒聊，大表哥將一個空壺裡裝滿水，架在篝火上燒開。木塊上掛著不少苔蘚，火苗不是很旺，一邊舔著早已發黑的水壺，一邊捎帶著將綠色的苔蘚慢慢烤成黃褐色。這裡的水很潔淨，不用像城裡那樣一定得燒開，在海拔高的地方，水看似開了也就是八十來攝氏度。水燒開後有一股濃郁的煙味兒，是木材的味道，尤其在用大水鍋燒水時。但水還是要燒的，喝太涼的水腸胃有時受不了。

　　水來自路一條清澈的小河，河的上游是一處白色湖泊，據說每年春天，湖水破冰湧出，這裡的河水就會變成牛奶般的白色，一路流向永芝河，再一起匯入瀾滄江。春天的白色河水，想必是冰融之後，奔湧而來的冰川水混雜著岩石與各種礦物，使之顏色變白的吧。

　　過了楓林大道，前方是一片生長著巨大杉樹的針葉林帶，很多樹的樹

／日落前抵達瑪追通的轉山者／

幹要三人才能環抱，偉岸向天，有些樹的根部被掏出一個洞，人可以在裡面遮風避雨。林間，停放著幾輛摩托車，幾位年輕人用簡易的工具修整路面，目的是讓這裡能容納摩托車通行。有些身體不適的轉山者會尋求搭乘摩托車前行，從這裡到六七公里外的瑪追通，大概要價一百元。摩托車上都別著一張撲克牌，上面的數字表明每輛摩托車的序列號，來拉活兒要守這裡的規矩，或抽籤、或按號碼順序跑活兒，不然生意就亂了。

來到海拔三千三百多米的地方，茂密的林帶突然消失，眼前出現一個相對平坦的壩子。阿青布說這裡叫永世通。過去這片壩子靠近山坡的邊緣有很多銀柳樹，春天冰雪融化，銀柳樹被沖下來堆積在山邊，半死不活地生長著，永世通就是銀柳樹壩子的意思，一路上有很多「通」，就是壩子。

每到一個「通」，自然就會有茶棚，永世通離芝信塘小廟近二十公里，走了一天的人多數會在這裡休息。

此時，有一群人來到小賣部前購物，像是一大家子，兩位年輕女孩和一位中年男人背著背架，背架裡裝著一些食物和被縟，他們身後還有幾位老人，其中有位上了年紀的僧侶。一家人都是傳統藏服，日常穿的款式，老人穿著廉價的膠鞋，女孩兒穿著相對好一些的旅遊鞋。其中一位老人要給兩個女孩買飲料，可女孩不同意。在這轉山路上，飲料是很奢侈的東西。看到有個異鄉人來此轉山，他們也都友好地笑笑，其實，她們也是異鄉人，轉山路上碰到的多半是異鄉人，來自西藏、青海、四川、甘肅等地。偶爾會有漢族人，有的是來旅行，感受轉山的艱辛和魅力；有的則是心有所想，尋找內心的那份寄託。

稍事休息，女孩兒和中年人背著物資繼續前行，老人則在後面緩慢跟著。阿青布說看裝束他們像是青海或西藏來的香客，每年轉山，春夏來的多是雲南當地的香客。而到了秋季，其他藏族聚居區的民眾數量會明顯增多。

　　從永世通往前，不遠就是瑪追通——另一處高原牧場，一個自古以來轉山人重要的休整場所。「瑪」是「人」之意，「追」則是「飛舞的蜜蜂」，合起來就是說這裡是人員往來眾多的壩子。至今，這裡依舊是很多順時針轉山的轉山者第一天首選的休息地。

　　在此處又遇到那一家人裡的幾位老人，其中一位老阿媽側身躺在路邊，身體狀況似乎很不好。阿青布上前問了問狀況，拿出兩粒治頭疼的藥給老人吃下。除了左小腿裡還有固定鋼板，阿青布身體很好，他隨身攜帶的藥品都是為路人準備的。他說很多人離家遠，能幫一把就幫一把。

　　因為家裡年輕人都走遠了，阿青布想等一等，看看老人恢復的情況，我則努力用微笑與手勢和那位老奶奶交流。老奶奶很友善，解下身上的小口袋遞給我，裡面是糌粑，還有一塊酥油，我明白，她是想讓我嘗嘗。雖然我對糌粑興致不高，但還是捏起一些放進嘴裡，隨後又依照老奶奶的指導，弄下一點兒酥油和糌粑揉在一起吃。出門在外就是如此，哪怕語言不通，只要不迴避、充滿善意，交流不是問題。

　　一位康巴漢子從懷中取出一塊帶著部分肋骨的半熟牛肉，
用刀削下來兩塊，一塊遞給張傑，一塊遞給我。張傑沒兩口就
把那塊牛肉吞下，抹著嘴說：「好吃！再來一塊！」

背包客張傑

　　出發八小時後，我們順利來到多克拉埡口外的多克拉扎，大表哥已安排好住的客棧。客棧是一座木架上搭著塑料布的大棚，可以容納十多個人，雖有些潮濕，但還算乾淨，而且不是大通鋪，每張床是獨立分開的，這在轉山路上並不多見。多克拉扎意為「臺階之下」，往前沒多遠就是上山石階，直奔海拔接近四千五百米的多克拉埡口，這裡自然就是「石階之下」。「扎」就是下面的意思。

　　大表哥和阿青布準備晚飯，我幫不上什麼忙，於是獨自到小路對面的河邊小憩。一個人，坐在緬茨姆冰川的流水邊，沏壺滇紅，一個便攜音箱，聽著那些能感受到水聲變幻的音樂，放鬆一下身體，發發呆⋯⋯

　　天色漸晚，回到茶棚前的廚房中，準備享用轉山第一天的晚飯：蒸米飯、青椒炒牛肉，還有一份炒花菜。在轉山的隊伍中，我們的晚飯很是奢侈，多數人會選擇糌粑或泡麵，但我和阿青布出發前就達成一致，有條件就吃好一些，這樣也能儘快地恢復身體。當然，如果中午或是條件不准許，那就一切從簡。

　　此時，一位穿著藍色抓絨衣的背包客與兩位打著英雄結的康巴漢子經過，這是一天來見到的第二位漢族轉山者。之前在瑪追通附近，遇到一位穿著黃衣紅褲的大姐，因膝蓋不適，從藏族青年修路的地方搭摩托車一路來到瑪追通。大姐是重慶人，她說自己對卡瓦格博有著不同尋常的牽掛，雖然腿上有傷，但還是決定來轉山，能走的時候自己走，實在受不了了，就去搭摩托或騎馬，無論如何都要走完這一圈。

　　安頓好住處後，背包客和康巴漢子也來我們這裡喝茶、吃飯。背包客叫張傑，是做戶外旅行嚮導的寧波人，三十出頭的他體能明顯好過我，所有的裝備都是自己背。張傑原本在尼泊爾做旅遊地接，尼泊爾地震後，當地旅遊市場受損嚴重，他也就此回國。先用半個多月時間在雲南溜達，打算之後再去做土耳其旅行導遊，但最近土耳其局勢也不穩定，隨時有炸彈事件，還存在與敘利亞、俄羅斯發生衝突的危險。張傑說，不管那麼多，先走完梅里這一圈再說。

　　張傑是個豪爽人，嗓門也大，坐下來就不停地聊，聊如何同兩個打著「英雄結」的康巴漢子結識並一起搭伴兒同行，康巴漢子走得如何快、不休息，如何淳樸，說不明白就憨憨地衝你笑。此時，一位康巴漢子從懷中取出一塊帶著部分肋骨的半熟牛肉，用刀削下來兩塊，一塊遞給張傑，一塊遞給我。張傑沒兩口就把那塊牛肉吞下，抹著嘴說：「好吃！再來一塊！」康巴漢子又給他削了一塊，然後看著我，也要再給我弄一塊，我對他笑笑，雙手合十，表示夠了。

　　眼見能聊得來，就和張傑約定，有可能的話三天後在察瓦龍鄉碰頭，一起僱車去梅里西坡的甲興村，然後從梅里西坡在察瓦龍鄉之後的堂堆拉埡口向右上山。阿青布說，那是一處海拔四千三百米的山脊，不但能看到卡瓦格博西側，還能看到怒江峽谷，還有察隅方向的雪山，很是壯觀。但

／篝火邊是年輕人溝通聊天的最佳場所／

／憨厚的康巴漢子一路陪伴著張傑／

因為有四十來公里距離，徒步來回得兩天，我們的時間不夠，只能包車前往。張傑當下答應，在察瓦龍等我。

山裡的夜晚來得很快，空氣也很快變得有些生冷，大家圍在篝火邊取暖，柴火劈劈啪啪地燃燒著，偶爾蹦出個小火星落在臉上。火焰跳動著逐漸大起來，映得人臉上、手上都是紅色，暖暖的，但是背後卻生冷，時不時需要轉過身，烤烤背。阿青布說，如果不著急睡覺就多烤一會兒火，這火已經旺了，現在去睡覺多浪費這木柴帶來的溫度呀。

張傑告別我們，打開頭燈沿著小路溜達回他住的地方。他和兩位康巴漢子打算天不亮就去翻多克拉堊口，其實如果不是要等他，那兩位當夜就會出發。大表哥去餵騾子，我和阿青布在廚房裡烤火。說是廚房，實際上也是一個棚子，裡面有堆篝火，上面架著早已燒得烏黑的大鍋和燒酥油茶用的鋁壺，靠門口的位置是一塊長條木板搭成的桌子和凳子，方便來往路人就近坐下來歇腳。一路的茶棚幾乎都是這樣，喝茶免費，累了直接進來坐，住店三十到五十元不等，越往前走價格相對越高。

夜深了，我們回到裡屋睡覺。阿青布說，能用睡袋就用睡袋，畢竟這些被子、毛毯用的人多，別的不說，藏著些跳蚤也是很正常的事。

其實，相對來說，這些被子還算乾淨，至少能看出上面的花紋圖案是「花開富貴」之類的內容。二〇一四年夏天，和三位朋友一起從可可西里不凍泉保護站下公路，沿著楚瑪爾河進入可可西里東端，去曲麻萊和玉樹。由於路況太差，當晚沒能趕到曲麻河鄉。車燈掃過之處，發現有座牧民的小土房，後面的院子裡還有一排房子，一問可以住宿。女主人帶我們走進房間安排床鋪，剛好四張床，每張床上有一套早已看不清顏色、花紋的被子，都已是暗褐色了，泛著一些油光。女主人發現我們中間還有個姑娘同行，於是將其中一床被子抱走，說換一套乾淨的。少許回來，微笑著放下

一床被子，要乾淨一些，但依舊看不出花紋、顏色，但至少沒有泛著太多油光。

出門在外就是如此，你得去適應各種環境，不管吃還是住，能 Hold 住燭光晚宴，也可以在三十元一張鋪的簡易旅店裡安然入睡。

此刻，不算密集的雨滴打在距頭頂一米多高位置的遮雨塑料布上，發出較沉悶的啪啪聲，時斷時續。不遠處，傳來河水的湧動聲，奔流向下，想起下午在河邊聽得那首曲子──《The River Flows In You》，一切都是自然的聲音……

　　菊芳大姐決定繼續前行，不敢看山頂有多遠，挪著雙腳，一點點向前。對於很多人來説，面對多克拉必須做出進與退的抉擇，她選擇了前者。生活中的我們，何嘗不是隨時要面對抉擇。

多克拉的抉擇

　　天還沒亮，茶棚客棧裡就只剩下我一人。茶棚在河邊，陰冷陰冷的。轉山者們凌晨三點左右就開始陸續起身前行，雖然動靜不大，但還是把我吵醒了。張傑同兩位康巴漢子已經出發，在晨星之下前往多克拉埡口。

　　收拾好已潮濕的睡袋，將所有的物品挨個塞進背包，然後抱出棚屋放在廚房門口，大表哥準備早飯，阿青布去餵騾子。順著茶棚間的松樹向上看，月亮已經來到天頂，有些雲霧，月光灑落在林子間空地上。

　　阿青布和茶棚主人是老相識，轉山路上開店的人，幾乎沒有不認識阿青布。早飯是稀飯和烤餅，大表哥還把昨夜剩下的一點兒菜熱了熱，稀飯是沒吃完的米飯加水煮的。住店每人三十元，老闆說不收了，因為阿青布常帶團隊來此，自己人來就算了。但我還是把房錢塞給了老闆，在這裡做生意太艱難。

　　在此處做生意艱難，接下來一天的行程也同樣艱難，這是梅里轉山考驗的開始。清早從海拔三千六百米的多克拉紮營地出發，前方七公里處便

是梅里雪山外轉的第一道關卡——海拔四千四百七十九米的多克拉埡口，那裡是雲南與西藏的交界，過埡口就是察隅縣察瓦龍鄉阿丙村地界，翻過多克拉埡口後要在陡峭的山坡上經過一〇八道拐下山，進入察隅河谷。

繞過一處路面已有薄冰的山坳，旁邊的崖壁上有一處高達五米的摩崖石刻，佛祖居中，四臂觀音與蓮花生大師分居於左右。阿青布說，這處摩崖石刻是前兩年紅坡寺的扎巴活佛籌集資金找工匠刻的。

紅坡寺，原名「噶丹羊八景林寺」，始建於一五一四年，是德欽藏傳佛教格魯派三大寺院之一，因坐落在德欽縣雲嶺鄉紅坡村，又名紅坡寺。紅坡村是白馬雪山西北山谷中的村莊，綠樹叢中散布著零星的農田和房屋，寧靜、祥和。紅坡寺向南，隔瀾滄江峽谷與緬茨姆相望，寺院後方是終年積雪的白馬雪山主峰——扎拉省尼峰，是紅坡村的守護山神。《卡瓦格博聖地誌》中說，它是卡瓦格博的東大門守護神。

每年藏曆九月中旬，紅坡寺會舉辦跳神大會，很值得一看。跳神藏語稱「羌姆」，傳說是在西元八世紀時為佛教密宗大師蓮花生首創，內容主要是表現降魔伏妖，弘揚佛法。「羌姆」有許多相對獨立的舞蹈，如凶神舞、牛神舞、金剛力士舞、護法神舞等。舞蹈者均戴面具，用鼓、鈸、號等樂器伴奏。「羌姆」的根源可追溯至苯教「搖鼓作聲」的巫舞，後吸收了民間舞蹈而逐步發展起來。

繞過摩崖石刻繼續向上，一路上有很多逆行者，他們篤信苯教，逆行轉山，相對而過時，都會送上一句——扎西德勒。

經過一小時速度適中的行進，多克拉埡口像一堵高牆般的橫亙在眼前，陽光逐漸將埡口兩側山梁照亮呈暗紅色，並不刺眼。埡口上的經幡巨陣也清晰起來，層層疊嶂，氣勢恢宏，讓每個來到此地的人無不驚嘆，一串串的身影或聚集或分散地沿著「之」字小路緩緩向上，哪怕是體能超好的

／即將抵達鋪滿經幡的多克拉埡口／

／背著孩子前行的苯教轉山者／

／布滿經幡的多克拉埡口，一側是雲南，一側是西藏／

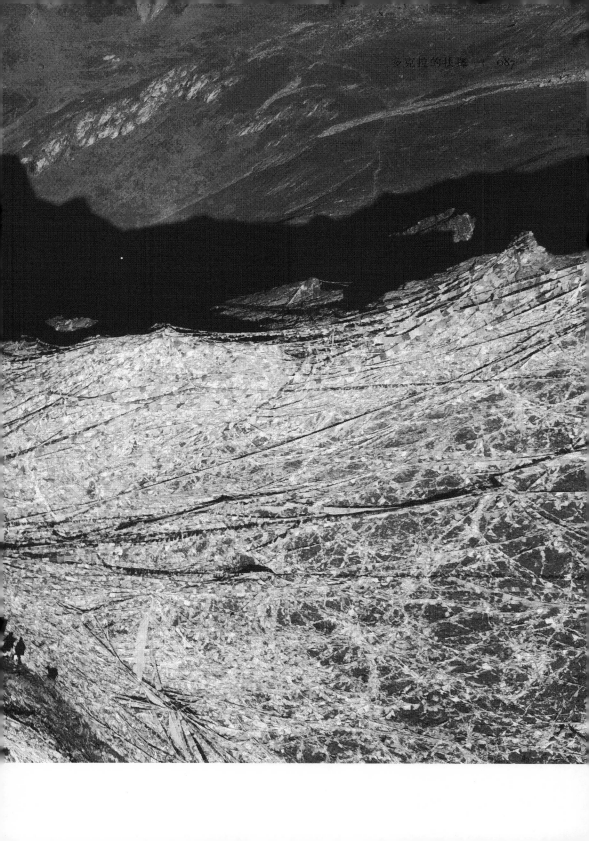

藏族香客，此時也不會輕鬆。在埡口下的平臺處稍事休息，拍一些照片，並把 Gopro 掛在身上，打算拍下自己行走間遇到的不一樣的人和視角。

「那不是昨天在瑪追通遇到的搭摩托車的大姐嗎？」

在阿青布的提醒下，回身看到那位黃衣大姐，拄著兩根竹竿，拖著她明顯不適的雙腿，艱難向前。

大姐叫菊芳，第一次知道轉山是一個月前，在麗江，有位朋友向她描述沿著七百年前的小路圍繞梅里雪山徒步的經歷，讓她為之嚮往，哪怕知道自己膝蓋有傷病。一個月後，她毅然踏上外轉旅途──「我許過願，不能毀約。」

菊芳大姐一開始很奇怪朋友們為什麼吃驚她要去轉山，這有什麼好大驚小怪的，因為她對前方的路途太不了解，自是不以為然。出發沒半天，她膝蓋就出了問題，上山還能忍受，下山則是鑽心的疼痛，實在沒辦法，於是在巨樹林處搭摩托車到了瑪追通。可第二天橫在眼前的多克拉埡口簡直就是一堵五百多米的高牆，想要繼續前行，必須自己翻過去。

菊芳大姐決定繼續前行，只是很遺憾拖了一起轉山的朋友的後腿。她不敢看山頂有多遠，挪著雙腳，一點點向前。對於很多人來說，面對多克拉必須做出進與退的抉擇，她選擇了前者。生活中的我們，何嘗不是隨時要面對抉擇。

告別菊芳大姐，我隨阿青布繼續向前，此時，幾位藏族大叔、大媽快步追上了我們。大媽們的服飾很特別，戴著一頂圓柱形不大的帽子，帽簷向左上卷似飛簷，留有缺口，用料為毛氈，以金絲綵緞繡成的邊圈為裝飾。阿青布說他們是來自西藏林芝地區的轉山者，這種服飾屬於工布江達藏式服裝，林芝地區藏族亦稱工布藏族。藏語「工布」是凹地之意，泛指米拉山與色季拉山之間的地域，主要包括工布江達、林芝和米林三個海拔

較低的縣。工布藏族在生產、生活等習俗上與其他地區的藏族有較大的差異，故他們的語言、服飾、習俗與其他地區的藏族均有所不同。

大表哥趕著騾子超過了我們。騾子沿著山脊向上，繞著相對較大的彎角，但速度要快很多。阿青布說，他們家鄉有句諺語：上山的騾子下山的驢，上山的男人下山的女。意思就是騾子和男人上山相對力量足，但下山時，驢或女人會快一些。此處海拔四千米左右，望著排隊繼續向上的身影，我用相機拍了一段轉山者視頻。

山脊拍攝視頻花了十多分鐘時間，阿青布已經到達埡口下的平臺。為了不讓他在那裡多等，我選擇直線爬坡，快速抵達埡口。在如此海拔直線攀爬五十度的大坡並不是個好主意，時間倒是省了，但帶來一個嚴重的問題──高強度的運動導致右膝滑膜炎犯了，開始疼痛。這才是轉山第二天，前面還有一百多公里的徒步距離。

扯著右腿挪到阿青布休息的大石塊旁，他竟然在打電話！從芝信塘出發一小時後就沒了信號。阿青布看我右腿出了問題，讓我趕緊坐在大石頭上休息，並問我嚴重程度，能否堅持，如果不行的話，從這裡用不到兩天時間可以返回到查里通，可要是下了多克拉埡口繼續往前，還有至少六天的路要走。我坐在石頭上喘著粗氣。埡口兩邊是狼牙般聳立的黑色山峰，順著上山的小路往下看，轉山者依舊絡繹不絕地沿著小道緩緩向前。人群之中，我看到一個顯眼的、紅黃相間的小點兒，是菊芳大姐，她在朋友的陪伴下依舊拖著雙腿艱難向前。

終於到了多克拉埡口之上，兩側是飄舞的經幡，一直延伸到更高的山脊，像是架在山脊間的一道不會消逝的彩虹。此刻，我在彩虹之下，前方是西藏，轉身，是雲南。

轉身時，發現背後有一位背著孩子來轉山的年輕媽媽，二十來歲的樣

／即將抵達鋪滿經幡的多克拉埡口／

子。見我回頭，她拿出自己的手機遞給我並說著什麼，雖聽不懂也能明白她是請我幫她拍張照片：彩虹之間，一位年輕的藏族媽媽背著孩子。她叫卓瑪雍措，和阿青布的女兒同名，年紀也相仿。她也是這兩天來第一位主動請我幫忙拍照的轉山者。轉山路上，多是更為傳統的藏族民眾，多數不願意被拍照。

　　雖然右膝很不舒服，但想著總算到了此次轉山的第一個關口，感覺還不錯。但一越過埡口，瞬間便被眼前的下山路所震撼！面對大陡坡的一〇八道拐，由衷地發出一聲感嘆。

　　當天剩下的十公里我都不知道是怎麼走完的，腦袋有些麻
木。謝天謝地，謝卡瓦格博謝緬茨姆，當天終於到達預定地
點，可以緩一緩。此時，我的右膝疼痛嚴重，上茶棚的兩層臺
階都痛苦不堪，明天還要翻越兩個埡口走近四十公里路程，還
不知會怎樣。

受盡折磨的膝蓋

「川流不息的朝聖者們嘴裡唸著經文，手中轉著轉經筒走在山路上⋯⋯」

九十年前，那位讓麗江名揚海外的洛克隨轉山朝聖者們來到多克拉，同樣對這傳奇的埡口心生感嘆。此刻，我也同樣感嘆。

看著眼前的下山路，有些犯嘀咕，如果就沿著一〇八道拐下山，我的膝蓋定然沒法承受，沒準現在還好著的左膝也得掛了，那後面的路就更困難。阿青布給我提出一條方案，先沿著左側山崖小路做一個較大的迴旋，多繞些路再回到一〇八道拐，這要比直接下好得多。

如今也只能如此，除了要保證左膝不出問題，同時還要考慮自身安全，一條腿負重走在不過一尺多寬的懸崖小路上，需要小心加小心。我開玩笑地對阿青布說：「有沒有更直接下山的路，除了跳下去？」「有啊，從那裡就可以。」阿青布很認真地指了指山崖間的一條繩索，從多克拉埡口直溜溜的衝向埡口南側的臺地。這條繩索真的是下山用的，阿青布沒開玩笑，如果到了冰雪封山的冬季，翻越這段埡口只能沿著這條繩索攀爬。

一〇八道拐到底有沒有一〇八道，不知道，也許只是借用一〇八這個吉祥數字。這只是個地名，是個標誌。當你見到它時，不管它到底有多少個彎角，你都會被它的險峻折服，也為能見到它而滿足。

半小時後，我們下降到海拔四千米左右的埡口北側臺地。因為下山的人大多會在此休息，臺地上到處都是各種垃圾。十天前，阿青布和上百名志願者剛剛轉山處理了沿線垃圾，路邊還有一些焚燒垃圾的痕跡，此刻，垃圾又滿了，方便麵塑料袋與發泡盒，還有各種空的飲料瓶、飲料罐隨著埡口下的風飄舞、翻滾，發出各種叮噹、噗嚕的聲音，除此之外，至少短時間內沒再聽到什麼動靜。如果說還有什麼聲音，恐怕就是自己的喘息與心跳聲，很快、很重。

稍事休息，緩緩神，拖著右腿繼續前行。抬頭看多克拉埡口，再次見到那個紅黃相間的小點兒，只是比我在埡口向下看時更小，離得更遠。菊芳大姐也終於拖著雙腿爬到埡口之上，站在經幡彩虹之間。不知此時，她會有怎樣的感嘆，至少她做到了，哪怕前方還有更多的艱險。

後來，菊芳大姐告訴我，之所以要忍受如此痛苦轉山，是因為惦念，對已逝去半年的老公的掛念。她想通過轉山，告訴已在天堂的老公，不必牽掛，自己和女兒會活得很好，風中的經幡會伴隨著他，直到永遠……

常有人說，人生要有一次說走就走的旅行，一場奮不顧身的愛情，在我看來，旅行就該是說走就走，哪怕不能走完既定行程，或是因故改變旅行線路。人生本就是一場旅行，不管你願不願意，總得向前，直到生命的終點。

順著多克拉的溪水向下，進入察隅谷地，此時右腿依舊鑽心的疼痛，好在已越過梅里轉山的第一道險關。路邊開始有了樹木，針葉林間混雜著一些闊葉喬木，枝頭掛滿松蘿，那是滇金絲猴的美食。阿青布說這裡有猴子，但他分不清種類，應該就是普通的獼猴。有一次路過這裡，發現路

／隨時有碎石滾落的多克拉埡口／

／下山之路／

旁山坡下的樹上有動靜，本來以為是猴子，仔細一看，竟然是隻黑熊，還帶著兩隻小傢伙。察隅地區山高林密，很少有村莊分布，野生動物自然不少，但轉山的路邊想見到，依舊不是件容易的事情。

正午時分，在扎素通的一處茶棚休息吃午飯，茶棚頂上的塑料布已被油煙積累的油漬堆滿。我不大想動，甚至沒有問阿青布「扎素通」是什麼意思，此時右膝已經不能打彎兒。面對著一處小商店，半靠在整塊樹幹做的長板凳上休息。此刻，發現有個挺眼熟的姑娘在我右側的屋後探身，微笑著看我。姑娘穿著一身藍綠色的藏袍，帶著一塊頭巾，臉上泛著暗紅色，顯然是長期被高原烈日灼曬的結果。她示意旁邊的大姐，大姐注意到我後熱情地招呼過去喝茶，但此時，我沒有動，只是報以微笑，實在挪不動右腿，或是說是不想動了。

十分鐘後，再次出發，發現招呼我的是頭一天阿青布幫助過的那位老人的家人，老人也在，身體已經好轉，能夠跟上一家人轉山的腳步了。

繼續在色彩斑斕的河谷間穿行，路邊的竹林也漸漸增多。很多轉山者都會在這一帶砍路邊新長出的竹子做手杖，有的轉山者乾脆就在竹林邊紮營，有的人煮茶做飯，有的上山或是下溝砍竹子。章切這個地名就與竹子相關。按最傳統的方式，砍竹杖有講究，男人用的竹杖是七節，女人用的則是五節，問阿青布為什麼，也沒有一個很明確的說法，也許是按多數人的身高比例來定的，這樣用著順手，久而久之，「男七女五」就成了習俗慣例，只是到了現在，不再那麼講究。竹子彈性好，做手杖雖不如現代的登山杖有那麼強的減震功能，但也有一定彈性，不失為轉山很好的「幫腿」。

阿青布說，竹杖對於轉山者最重要的作用不是支撐身體，而是利用下面第一節竹子的空心處取土，一路走，竹子就會在地上一路戳，轉完山，最後裡面盛滿了轉山路上的泥土，此時的竹杖就是很重要的聖物。回家

後，有的會將這泥土分給家人，蓋房時撒在房屋四周，或者就將竹杖連同泥土一起供著，既是崇敬又為鎮宅。據說，有一次山中發洪水，很多房屋被沖毀，有一間卻是毫髮無損，因為屋裡供著一根轉山竹杖，洪水到了竹杖附近就分開了，房屋也沒被損毀。

下午四點半左右，到達位於多克拉埡口和阿丙村中間的一個休息站。是一路走來河谷道路最窄的地段，水多，比較泥濘。當天剩下的十公里我都不知道是怎麼走完的，腦袋有些麻木。管他乾燥還是泥濘，謝天謝地，謝卡瓦格博謝緬茨姆，當天不走了，可以緩一緩。此時，我的右膝疼痛嚴重，上茶棚的兩層臺階都痛苦不堪，明天還要翻越兩個埡口走近四十公里路程，還不知道會怎樣。

茶棚的主人家在一百公里外獨龍江上游的小村子，而她的這處茶棚剛好在多克拉埡口和阿丙村之間，物資運送困難，相對價格也略高。路邊的河裡有個小型水力發電機，可以為茶棚、客棧以及小商店的白熾燈提供電力。小商店裡有個插線板，能充電。客棧大約有四米多寬、十米來長，從頭到尾擺著兩張大通鋪，中間有個一米寬的過道，過道中間有根柱子，上面掛著盞燈，再往上就是塑料布的屋頂，其實這棚店最高處不過兩米，兩邊也就一米多高。此時天還大亮，多數轉山者不會此時停下，我們是第一撥客人。找了一處最靠裡的位置，我把大表哥從騾子身上卸下的大背包放在靠通鋪的地下，身上的小背包擱在床上，表示這個位置已經有人，隨後，瘸著腿去茶棚喝茶。先期抵達的大表哥已經為我們準備好了酥油茶。端著茶碗，半天沒喝，不想動，嚥下酥油茶的力量都懶得出。

緩了緩，膝蓋好了些。阿青布說，路上都怕我沒法堅持，可這段路也沒有摩托車，實在不行就騎騾子。我說會儘可能堅持，不到萬不得已，不考慮藉助騾子前行。

天漸暗，陸續有轉山者來到棚屋客棧休息，我的背包還在屋裡扔著，小背包裡有一套相機和七千多塊現金。看我有些坐立不安，阿青布明白我在想什麼，慢條斯理地對我說，不用擔心，來到這裡的都是有信仰的轉山者，不會有人動不屬於自己的東西。只是到了察瓦龍，一切還是要當心，那裡是城鎮，什麼人都有。

晚飯時，一位身材高大的背包客走進茶棚休息。來的都是客，既然遇上了，我就招呼他一起晚飯，這老哥本來比較猶豫，說自己帶了泡麵，有熱水就行。伸頭一看我們不但有米飯，竟然還燉了排骨湯，立馬收起方便麵坐了過來。此時茶棚內也擠滿了人，沒有座位，阿青布拿過一塊木頭，又找了個方便麵紙箱，疊一疊，當凳子坐下。這一頓連飯帶湯基本沒剩下什麼，大家都累了。

飯飽湯足，老哥也決定不再前行，和我們住在同一間客棧。撩開塑料布門簾，好傢伙！一頓飯的工夫裡面幾乎人滿了，靠路這一側通鋪上，十多位轉山者已經睡下。我也不想再動，想早點兒休息，鑽進睡袋又在上面蓋了一層被子，需要給膝蓋保暖，希望第二天能夠有所好轉，因為要走近四十多公里的路，翻過兩個埡口去阿丙村。如果不能按計劃抵達，後面的行程必然受到影響。

不想那麼多，必須睡覺，讓右膝儘快休息。

／隨著進入西藏察隅地界的谷地，河流也逐步增多，水流量增大／

／在多克拉之巔，轉山者叩拜眾山／

　　盧阿森拉埡口上堆滿了盛滿糌粑的碗和衣物，經幡更是密
密麻麻地掛上很高的枝頭。一位大姐正唸唸有詞地面對糌粑
堆，將手中碗裡的糌粑捏起一撮撒向空中，然後又把剩下的糌
粑連同碗一起放在糌粑堆上。

盧阿森拉聖地

　　清晨，剛醒，就聽到誦經的聲音，昏暗的燈光中，一位坐在對面鋪位上的老人，披著被子，手中捧著一段藏紙的經書，在低聲默念。塑料棚外，淡淡地透過一片暗藍色——天快亮了。

　　從潮濕的睡袋裡鑽出來時，突然意識到右膝能活動了，雖然還有些疼，但至少能活動了，謝天謝地。起身，發現大通鋪上很多人不是頭一晚住的人，那些人大多三點就起身出發，這些則是隨後住進來的。

　　茶棚外，有一處引水木槽，在那裡洗漱完畢，感覺精神狀態好多了。此時，老闆的弟弟走過來對我說，今天打算和我們一起去阿丙村，然後經察瓦龍回家，到這來了一個多星期幫姐姐的忙，悶壞了。

　　老闆的弟弟是個生性活潑的藏族哥們兒，叫扎西——一個在藏區可以隨便稱呼任何一個小夥子的名字。頭一天睡覺前，就見到他和一個身材高挑的藏族姑娘在茶棚外聊天。

　　回屋整理好背包，活動活動右膝，與阿青布拄著登山杖先走。那位背

大包的老哥也一起出發，他步伐挺快，時不時要等我們，又不好意思說先走。我對他說，阿青布的經驗足夠豐富，沒問題，他這才先行離開。

當天路程較長，從章切先走六七公里到盧阿森拉埡口，這是一處聖地，可以看到卡瓦格博的南側。隨後從陡坡徑直下到海拔二千四百六十米的谷底，那裡有個很詩意的名字——秋那通，也有人叫「秋那塘」，更詩意。隨之繼續上山，過南通拉到海拔三千七百四十米的辛康拉埡口，再經過七八公里下坡，才能到達當天晚上的目的地——海拔二千二百九十米的阿丙村。四十來公里路，兩個海拔高低差很大的埡口，對於拖著只恢復了一夜的右膝的我來說，的確是個考驗，對於左腿脛骨還打著鋼板的阿青布來說，也絕不是段輕鬆的路途。只有年輕的扎西什麼問題都沒有。如果說有問題，那就是他太活躍，這倒也不錯，給大家帶來更多的歡樂。

「大哥，我來背你吧，昨晚我看你腿都不能動了。」

扎西忽閃著他的大眼睛很誠懇地說。

「要麼你把東西都給我，你需要什麼我就給你遞什麼！」

扎西說，他的家鄉在獨龍江上游的一個小村子，道路要比轉山路險峻，他有輛摩托車，有時騎著摩托搭那些進山的遊客。有一次，道路損毀無法前行，一位女遊客嚇得不敢再走，無奈之下，扎西背著她又走了兩公里才到村子。

謝過扎西的好意，我們三個在又一段「楓林大道」中慢步前行，秋天的色彩斑斕加上晨露的濕潤讓這段路很像是幅水彩畫，想起自己二十年前上師範美術班出門寫生的情景。那時在新疆，天氣乾燥，眼前也多是乾澀的色彩。畢業後在學校做美術老師，暑假時會背著油畫箱去天山，先搭長途車到山下，再背著油畫箱徒步翻越東天山著名的山口——天山廟。有一次，從天山北側寫生準備回家，突然天降大雨，夾雜著冰雹，我只能背

／艱難地向盧阿森拉聖地前行的老人／

／轉山者將糌粑撒向堆滿衣物和糌粑的地方／

著油畫箱沿山坡向天山廟方向爬。先是偶遇一頭馬鹿，然後又碰到一處哈薩克牧民的帳篷。主人邀請我進帳篷避雨，但我必須儘快趕到天山廟，因為從巴里坤回哈密的班車會在下午四點鐘到達那裡，否則就只能在山上過夜。

終於一身泥的到達埡口，很冷，哆嗦著走進天山廟道班工人的小屋，裡面架著火，三位維吾爾族道班工人在那喝著酒閒聊，見到我便熱情地招呼坐下。

「來一碗先暖和一下撒！」

「不喝酒！走這種路的人不喝酒！」

說話間，一輛長途大巴哼哼著爬坡，開上埡口，我趕忙跑去搭車，可司機擺擺手，沒有停車的意思。見狀，那位維吾爾道班工人三兩步跑到前面，攔住大巴車去路。

「你為啥不停車？」

「座位滿了！」

「我們朋友就一個人，你咋樣不能解決一下，隨便找個小凳子坐在過道不行嗎！」

就這樣，在大雨夾雜著冰雹中，我終於搭上了回家的大巴車。回想那位道班大哥，很熱情，年紀也和扎西相仿，只不過那時的我還很年輕。

出發半小時後，遇到一家三口，夫妻倆帶著一個三歲大的孩子。孩子自己走。上坡時，父母在身後鼓勵，實在走不動了就背著，下坡時，父親拽緊手中的布條，布條另一頭捆在孩子腰間，防止他不慎摔倒。這段路雖然相對好走，但旁邊依舊是數十米深的山谷。路左側，出現幾棵紅豆杉，樹幹上的樹皮已被剝掉，甚至一些較粗樹枝上的樹皮也沒被放過。

「這些人！這麼幹！你轉山還有什麼意思呢！竹子砍了還能長，這樹皮扒了樹哪還能活！」

剝樹皮是有些轉山者為得到一味重要的藏藥，而扎西與阿青布對這種行為很是不滿，在他們看來，在轉山路上剝樹皮是不能原諒的事情，與砍竹子有本質的不同，轉山是為了修行，而在這條路上剝樹皮，轉山又有什麼意義。

兩小時後順利到達盧阿森拉埡口，這裡海拔不是很高，只有三千米，但這是轉山路上極為重要的埡口，因為能看到卡瓦格博的南側。此刻，幽藍天空下的卡瓦格博顯得如此之近，你只能仰視。轉山道路二百多公里，能看到卡瓦格博的地方，除了二一四國道的數十公里是沿著梅里東坡走，能一覽梅里十三峰盛景外，只有盧阿森拉和南通拉扎的一處小平臺能看到卡瓦格博南側，再就是過了察瓦龍鄉後，沿堂堆拉埡口翻過海拔四千五百米的山脊到甲興村，那裡能看到梅里西坡。除此之外，轉山之路都是在埡口與河谷間穿行，並不能看到卡瓦格博。

盧阿森拉埡口上堆滿了盛滿糌粑的碗和衣物，一層層的，經幡更是密密麻麻地掛上很高的枝頭。一位大姐正唸唸有詞地面對糌粑堆，將碗裡的糌粑捏起一撮撒向空中，然後又把剩下的糌粑連同碗一起放在糌粑堆上。傳說轉山人在這裡供奉糌粑和衣物，來世轉山於此，可以使用前世供奉的物品。還有一種說法，這裡是通往來世的道路，前生供奉物品，回頭往生路上可以使用。

埡口最高處的平臺香火旺盛，點亮幾盞酥油燈，為親人祈福。隨後，阿青布提醒我，這裡是供奉重要物品的地方，我為朋友帶來的觀音像可以供奉在這裡。在北京，朋友托我將一尊用如母石雕刻的小觀音像帶到梅里，找一個合適的地方供奉。盧阿森拉是轉山路上人們認為最神聖的地方。繞到平臺之上，阿青布在一處小小的斷面上挖出一個小佛龕，然後用石塊支撐穩固，將佛龕內的小石塊整理乾淨後將朋友託付的觀音像放入其中。阿青布問了朋友的全名，隨後在旁邊雙手合十地唸經，其間，我能聽懂的只有六字箴言和朋友的名字。此時，旁邊傳來一陣更渾厚的誦經聲，一位身材魁梧的喇嘛面對香臺，虔誠誦經，然後五體投地，三拜卡瓦格博。

　　隨著太陽從怒江西側的高黎貢山山脊落下，一片濃郁的橙
紅色鋪在緬茨姆身上，這景象，轉山者只能從梅里西側才能看
到——一片讓人啞口無言的色彩，一切語言與照片都無法言盡
它的美，健美、挺拔、秀麗、深邃，靜靜地看著就好。

落日金山緬茨姆

　　做完答應朋友的事，阿青布指著河谷對面直線距離好幾公里外的山脊說：「那裡是南通拉，一段很長的大坡，爬上去就到辛康拉埡口，順利的話，我們四點可以到那裡，也就是六小時以後。」

　　翻過去，先要考慮眼前的路，從盧阿森拉到阿丙村，先要迅速下到海拔不到二千四百六十米的秋那通，然後經過南通拉翻越海拔三千七百四十米的辛康拉埡口，再走七八公里，下降到海拔只有二千二百九十米的阿丙村，純粹的超級人肉「過山車」。

　　下盧阿森拉埡口的路很陡，雖然兩側鬱鬱蔥蔥，但那條小道上卻塵土飛揚，土質很細、乾，與上埡口時完全不同。很多轉山者都是一路小跑下山，我卻不敢，右膝剛剛有所恢復，絕不能再次出問題。扎西也是一溜小跑地衝下山區，反戴著棒球帽，肩上橫扛著一根新砍的竹杖，兩隻手搭在竹杖上，活脫脫一帶路的孫悟空。

　　突然，扎西停下腳步回身說：「你注意對面山上的樹林，我來的時候看

到那裡有一群猴子，說不定這次還能看到。」

我心想，對面沒看到猴子，面前倒真有一隻。

正午時分下到谷底，秋那通是「黑水河邊的壩子」之意。黑水河是一條穿越山谷，由卡瓦格博南側冰川流淌下來的河，夏天之時水很渾濁，沒法喝。這裡是一片峽谷地帶，沒有村莊，只有一些因轉山而隨之出現的茶棚客棧。

此處有一座吊橋，用鋼索和木板搭成的，橋兩邊掛滿經幡和風馬旗，噗嚕噗嚕的隨風飄展。看到橋有些納悶，木板好辦，這鋼索是從哪裡運來的？阿青布解釋說，上個羊年，紅坡寺的巴扎活佛組織寺中僧侶和雲嶺鄉民眾，將建橋用的鋼索與水泥肩挑驟馱，翻越多克拉和盧阿森拉埡口運到這裡。建橋過程中，附近村子的鄉親們也都自發帶著糧食和物資來此修橋。現在，橋兩端是轉山者很重要的休息場所，茶棚也很多，儼然快成了一個正經村落。

一路都是喝酥油茶和自己水壺裡的水，此時想買瓶可樂，冰的。這裡的常溫飲料就是冰的。店老闆是一位四川大姐，看到轉山路上的商機，專門到這裡投資開店，商店只是一層的一小部分，裡面是大通鋪和小單間，竟然還有二樓！

扎西停了下來，說看到昨晚住在他家店裡的那個姑娘和她的家人朋友在一起，還邀請他一起吃午飯。我和阿青布繼續前行，大表哥趕著驟子早已經超過我們，在合適的地方等我們吃午飯。

午飯很簡單，在茶棚裡吃了幾個油餅，一張油餅一塊錢。自然少不了喝酥油茶，要喝透，休息好再出發。茶棚裡還有一個五六歲的小姑娘，一身青色藏袍，是個精靈可愛的小搗蛋。小傢伙不會說漢語，是主人的侄女，叫日茨卓瑪，對著我開心笑著一通說，我什麼都沒聽懂。轉頭她發現

／搭摩托車上南通拉的轉山者／

／阿青布在聖水旁為轉山者們舀水／

／調皮小鬼日茨卓瑪／

／眉宇清秀的茨吉拉姆／

我旁邊放著的登山杖，這下可有玩兒的了，拄著雙杖一通蹦，幾次差點兒栽倒。拿出相機，裝上 35mm 定焦，光圈放大到 F1.8，讓小調皮的臉完全充滿畫面，定格，日茨卓瑪歪著腦袋，帶著微笑。

南通拉扎位於南通拉之下，是個阿丙村青年的摩托車集散地，停放著十多輛摩托車。這裡的小路可通摩托車，如果你走不動了，膽子又夠大，可在此搭乘他們的摩托車翻越南通拉埡口去阿丙村。

農波斯是這裡年輕人的帶頭大哥，也與阿青布熟識。話說這一路做各種生意的人就沒有不認識阿青布的。見到我和阿青布走來，他放下手中的活，帶我們到茶棚休息，並順手拿過一罐紅牛塞給我。

茶棚小商店裡，四位小夥子圍著木板搭成的桌子打麻將，他們有自己的「協會」，加入進來才能跑這段路的運營，而加入就必須守規矩，按順序派活兒，不能搶，不能隨意加價砍價，要維持整體市場秩序，童叟無欺。貨櫃前站著兩位姑娘，十六七歲的樣子，她倆負責商店銷售。個頭稍矮的叫茨吉拉姆，眉宇清秀，漢語也不錯，穿著件粉色的上衣很是顯眼，一頂毛線編織的帽子下，掛著兩條烏黑、乾淨、粗實的大辮子，直至腰間，紮辮子的皮筋一個是藍色，一個是黃色。這裡的年輕人，家都在阿丙村，中學畢業後如果不出去打工，基本上就留在村子裡，主要依靠轉山之路為生，或開店，或搞摩托車運輸。農波斯要派兩個弟兄騎摩托把我們送到辛康拉埡口，不必再去走南通拉大坡，我們沒同意，現在身體狀況還好，能自己走還是自己走。

南通拉——通向天空的高坡，一路向上，沒有下坡。大表哥趕著騾子先行上坡，與騾子的鈴鐺聲摻雜著，聽到一串兒突突突的摩托車聲從身後靠近，是菊芳大姐。實在走不動的她搭摩托車從秋那通來到南通拉，估計到辛康拉埡口後她還得搭摩托車去阿丙村。此時，右膝又開始有些痠痛。

從早上七點多開始，已經走了五個小時，二十來公里，速度已是足夠快。這段路面很乾燥，灰塵與碎石夾雜著，每邁一步就騰起一股塵土，嗓子變得更加乾燥。跟著幾位老人，儘可能邁開步子向前，可路很窄，不容易超越。終於到了一個小岔路，發現前面的老人正是前兩天遇到的那一家人。她們來自昌都的江達，從家坐兩天車來到德欽，然後開始轉山。前面走著的兩個女孩兒，一個叫宮秋拉姆，一個叫魯追聳姆，是堂兄妹，終於，她倆不再躲避我的鏡頭，一步步邁上山坡，一張張記錄下她倆的笑容。我很喜歡這種真實、淳樸的笑容，還有簡單、陽光的面孔，那種健康之美，早已將天天抓著手機玩自拍，然後用美顏功能玩兒命修飾自己的所謂美女們甩出百十條山谷。

　　黃昏，陽光終於從濃密的雲層中透了下來，雲層開始飄散，從一整片變成一片一片的，身後，緬茨姆從已經遮擋了它三天的雲層中露了出來。之前七次來到梅里，多是從飛來寺的東側看緬茨姆，在明永冰川路口與雨崩看到的是北側，紅坡寺看到的是南側，這裡是西側，我唯一沒有看過緬茨姆的方向，只有徒步三天才能到達的方向，運氣很好，我看到了它的這一面，思緒中會有一個更完整的緬茨姆。

　　隨著太陽從怒江西側的高黎貢山山脊落下，一片濃郁的橙紅色鋪在緬茨姆身上，這景緻，轉山者只能從梅里西側才能看到——一片讓人啞口無言的色彩，一切語言與照片都無法言表它的美，健美、挺拔、秀麗、深邃，靜靜地看著就好。

　　慢慢的，緬茨姆身上的色彩開始變化，從橙紅色變為淡淡的玫瑰色，由下至上逐漸消退，從肩膀到面龐、髮梢，讓人不捨，想留住眼前的美好，但無法抓住，只能不顧一切地看著它，看著最後的餘暉在它頭頂消逝，把美好留在記憶深處……

／前後腳一同走了三天的宮秋拉姆和魯追聳姆／

「扎西，怎麼不去和那姑娘聊天了？」

「她屬馬，比我大一歲。」

「那怕什麼！」

「她結婚了……」

「就是她旁邊那個瘦高個嗎？比你這陽光、健碩的扎西差遠
了！」

「可她有兩個孩子……」

扎西的無奈

　　在我呆呆地看緬茨姆時，阿青布走到一處掛滿經幡的崖壁前，低頭探身。那裡有一個洞，洞口邊還有個紮著長桿兒的水瓢，洞內有個半米來深的窪地，山岩間滲出的水會在此聚集。阿青布舀上來一小瓢，自己喝了一小口，見身邊已圍滿轉山者，男女老幼，於是將剩下的分給大家，每個人都畢恭畢敬地用雙手捧著接一點兒，虔誠，心存敬畏，一滴不漏地喝下。

　　這裡叫「噶瑪拔希修行水」，簡稱「聖水」。相傳七百年前開創梅里轉山路線的嘎瑪拔希路過此地，曾飲用過此處的泉水，而這裡的泉水冬季不會結冰，夏季也不會溢出，成為轉山者行走於此處的主要飲水來源。但轉山者都會自律，只此一捧，不多喝，更不帶走。

　　此時，幾位看著像城市生活的藏族年輕人，仔細打量，竟然是扎西一直掛在嘴上的那位高挑的姑娘和她的家人、朋友，可沒見到扎西，他不是在秋那通就和人家混在一起嗎？

　　沒多想，還是繼續上山，儘可能在天黑前趕到阿丙村，至少要翻過辛

康拉埡口。路兩邊的山林間有一些廢棄的木屋，阿青布說這些房子過去是挖松茸的人住的。二十年前，二十出頭的阿青布還沒做轉山嚮導這一行時，夏天會來到這裡背松茸。松茸挖出後保存時間很短，否則傘打開就不值錢了。那時，村裡有人挖松茸，再一層松茸一層松針地擺放在竹筐裡，阿青布的工作是背著裝滿松茸的竹筐儘快送出去。天黑出發，凌晨就要抵達四十多公里外的多克拉埡口，清晨翻過埡口，傍晚就到了羊咱橋。想一想，我三天走的路，當年他背著一筐松茸不用二十四小時就走完。

這個深秋時節早已沒了松茸的影子，那東西只在七八月間會生長出來，除了梅里雪山，香格里拉地區與川西的甘孜、阿壩都出產松茸。二〇一四年夏末自駕旅行，和朋友們走三〇三省道路過小金。傍晚出門本打算找個飯館簡單吃晚飯，可發現路口有牧民在賣新鮮松茸，因為即將過季，多數松茸的傘已經打開，六十元一斤！這可是新鮮松茸呀！立馬來上二斤，再去超市買些鹽、油，回到賓館打開窗戶，支起隨車帶的戶外炊具，直接在窗檯上煎松茸，管飽！再燉鍋鵝肝菌松茸湯，溜縫兒。

回想著吃松茸管飽的場景，不知不覺到了一處觀景平臺，阿青布說那是阿丙村的村主任帶著村民修建的，如果天氣好，能看到卡瓦格博、緬茨姆和五冠峰。突然，看到觀景臺上有個熟悉的身影——是扎西，腿腳利落的他在這裡已經等了我們一個小時。

「扎西，怎麼不去和那姑娘聊天了？」

「她屬馬，比我大一歲。」

「那怕什麼！」

「她結婚了……」

「就是她旁邊那個瘦高個嗎？比你這陽光、健碩的扎西差遠了！」

「可她有兩個孩子了……」

／辛康拉埡口下方的平臺上，扎西轉動著一個轉經筒／

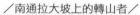

／南通拉大坡上的轉山者／

　　靠在觀景臺上，緬茨姆已逐漸隱沒在正東方逐漸暗淡的暮色中，沿著山坡下那一棵棵高聳的松樹望向遠方，向右，是十多公里外的秋那通山谷，向左上，隱約看得到經幡飄揚的盧阿森拉埡口。大半天走過的路，繞過多條山谷，在兩道冰川融水間穿行，儼然在這山谷森林間已走了近三十公里，還不說要經過兩個落差過千米海拔的埡口，自己都覺得不可思議。前方，還有一公里就能到辛康拉埡口，隨之經過七八公里的下山路到達晚上的落腳點——阿丙村。

　　正望著遠方發呆，卻聽到觀景臺下的山路上有沉重的喘息聲，伴隨著腳踩在碎石上打滑的聲音——是早上那位快步先行的老哥，不知什麼時候我們已超過他，可能他在某個茶棚休息時我們沒注意到。

　　「步子大一點！要像個男人！」

　　看著老哥艱難前行，扎西已經從鬱悶與無奈中擺脫出來，又開始展現出他無限的活力。

　　走上辛康拉埡口，太陽已經落在西面大山身後，雖然沒有積雪，但這座大山也有個響亮的名字——高黎貢山。

　　知道高黎貢山不是因為它那豐富的生物種類，也不是百年前法國傳教士沿怒江而下，將咖啡種植與葡萄酒釀製帶到中國。知道高黎貢山是因為七十年前，千千萬萬的中國軍人依託這座大山和怒江，擋住了日軍前進的路線，還有那曾經穿越大山的中國抗戰運輸大動脈——滇緬公路，以及在這些大山之間穿行的「駝峰航線」。

　　「我家就在那大山的後面，再有三天就能到，那裡很少有人去過的，有機會你一定要去，就找我扎西！」

　　看得出扎西很愛他的家鄉，他也沒考慮去大城市打工，就想能開著他的摩托車在山間小路上跑運輸、送貨，或是拉那些敢在懸崖小道上乘坐摩

托車的遊客。辛康拉埡口上，扎西讓我給他拍張照片，站在飄揚的五彩經幡之間，身後遠方是高黎貢山—他的家鄉。

　　終於該下山了，還有七八公里，山坡兩側有很多枝幹黑黝黝、光溜溜的松樹，是幾年前山火造成的，只剩下樹尖有少許綠色，努力地繼續向上，讓生命能夠得以延續。面前的第一道山脊上，有個小商店，門口停著兩輛摩托車。從南通拉扎過來的摩托車只會將搭車的轉山者送到辛康拉埡口，下山這段是另一群村民管理運營，互不越境搶活兒。

　　一位年輕人從掛著「扎西羅布平價小賣部」招牌的商店窗口探出頭來，二十出頭，紮著一個戶外花頭巾。阿青布說，年輕人並不是扎西羅布，是扎西羅布的兒子，第一次見到他時還是個剛會走路的孩子，如今都成大小夥子了，而阿青布也已圍著梅里雪山走了一百三十八圈。

　　幾個人坐在小商店門前休息，我看著腳下那雙戶外鞋，鞋底已磨損嚴重，鞋幫也有些裂開，上面滿是塵土。這雙鞋是左左送的，兩年前，她從美國帶回來送我，兩年間，這雙鞋陪我走過黑戈壁、羅布泊，走過甘孜、阿壩，走過怒江、丙察察，也走過北京的大街小巷、大理古城的青石板路。今年，它又陪著我走過梅里的雨崩，還有艱辛的轉山之路，該休息了。回去後洗一洗，放著，不扔。

　　當天最後一點點光線飄過山脊，比山脊低一千米的深谷底，隱隱可以看到那裡的山崖平臺上有一處村子——阿丙村。

　　此時，下起小雨，雨和汗水混雜著，落在布滿塵土的小路上……

　　阿丙村的黎明，晨星還未散去，騾隊的鈴鐺聲已清脆響
起，向山上延伸，為轉山沿途的客棧、商店運送物資。扎西羅
布家門前，燃起一縷香味獨特的青煙，點的是城裡人用來做高
端手串的崖柏。

日夜星辰阿丙村

阿丙（其實當地人念「阿邊」），是個擁有五十多戶人家的大村子，雖然距離怒江不遠，但半山腰的尷尬位置卻讓村裡缺水嚴重。為此，村主任普索朗帶動村民將木質水渠逐步換成水泥渠，盡量不浪費水。

「梅里雪山整體在雲南境內，但轉山的道路有二百六十多公里長，一半在西藏境內，翻過南面的多克拉埡口，就進入西藏地界，也是我們阿丙村的最南端。道路是帶動經濟發展的重中之重，與其天天打報告等審批、撥款，不如我們自己先幹，十八歲以上五十歲以下的村民不分男女都來修路，幹出個樣子來再說。」

普索朗年近四十，來到阿丙村做村主任已有四年時間，上任伊始，修路就成了他關注的首要問題。進出阿丙村有兩條道路，一條是可通車的七公里土路，到怒江邊與丙中洛——察瓦龍公路相連，再轉向北，可以到達三十公里外的察瓦龍鄉。另一條小路充其量只能通行摩托車，向南延伸至雲南西藏交界的多克拉埡口，全長五十多公里，平日只有轉山香客通行。

　　修路一來能讓這條轉山之路保持順暢，二來也能給村民帶來收益。路好一些，摩托車能夠通行，村裡的年輕人可以搭送走不動的香客翻辛康拉埡口直接到村裡，也可以在路上做休息站，賣水和食品。在普索朗的帶動下，村民意識到修路帶來的好處，二〇一二年至今，修繕了五十多公里轉山小路，香客哪怕不坐摩托車，徒步走過這五十多公里小路也比以往節省了一天時間。村裡同時還組織了救援隊，通過這條小路，義務將受傷的香客或遊客人力轉運至鄉里。

　　和普索朗的聊天中得知，阿丙村東側海拔四千四百米高的山脊上，是能看到梅里群峰多座六千米以上山峰最高的觀景點。擇日不如撞日，我當下表示希望能有人帶我上那山脊，於是普索朗去找村裡最熟悉那片山林的扎西農布。農布曾經是村裡最好的獵人，在這片山中抓猴子，後來不讓打獵，他開始在山裡挖菌子，特別是松茸，以此貼補家用。

　　為了節省時間，農布騎摩托車帶我穿過那些懸崖小路回到辛康拉埡口東側，在那些廢棄的木屋處停車，然後順著屋邊的竹林一路向上。農布說，他從這裡海拔三千五百米的木屋到海拔四千四百米的山脊大約要兩小時，我用三小時怎麼也能上去了，能趕上日落。因為知道這段路節奏快、強度大，我出發前帶了兩瓶水。

　　半小時後，我喘著粗氣，渾身冒汗地走出竹林，開始進入櫟樹為主的闊葉林帶。原本想我和農布一人一瓶水，但此時，我擔心兩瓶水都不夠我喝，而農布壓根沒有喝水的意思，又過了一小時，在海拔四千米的一處緩坡上，杜鵑花樹鋪滿整個山脊。如果是六月，那這裡將是一片淡粉色，遠處映襯著緬茨姆。再向上，沒有了植被，我竟然出乎意料地和農布一樣，兩小時爬上這道落差九百米的山脊。很多時候，堅持，能讓自己的潛力發揮到極致。

／即將抵達阿丙村的轉山者／

／黎明時分，一位村民背著孩子在屋頂煨桑／

　　坐在山脊之上，看著七公里外的卡瓦格博身上的雲層逐漸散去，等待日落的日照金山勝景的到來。寧靜中，突然感受到面對的遠方傳來一股無法抗拒的力量，一陣陣低沉的轟鳴聲，裹挾著氣浪而來——是雪崩！雖然相隔幾公里遠，依舊讓人心生敬畏與恐懼。一九九一年一月三日，那場崩塌量達到三十萬立方米堆積的雪崩瞬間將十七位登山者與卡瓦格博融合在一起。

　　一小時後，雲層幕布拉開，再一次地日照金山，梅里的落日照金山，在海拔四千四百米的位置面對落日照金山。據扎西農布說，這片山脊很少有人涉足，全阿丙村沒幾個，外來的遊客更少。金色逐漸在幾座雪山上消退，將軍峰、緬茨姆，最後是卡瓦格博。隨著陽光消失，氣溫驟降，農布帶著我快速從另一道山脊下撤，在天黑下來前儘可能降低海拔高度，越低越好。

　　天黑透了，我們也只用時一小時便下撤九百米落差高度，再乘摩托車回到阿丙村。接近村子時，能聽到前方傳來的音樂聲，村民們聚在小廣場上跳鍋莊。在這大山深處，晚上的鍋莊舞是很重要的交流場合，為男女青年營造溝通之所。

　　阿丙村的黎明，晨星還未散去，騾隊的鈴鐺聲已清脆響起，向山上延伸，為轉山沿途的客棧、商店運送物資。扎西羅布家門前，燃起一縷香味獨特的青煙，點的是城裡人用來做高端手串的崖柏。

　　在崖柏化成的裊裊青煙中，我們同普索朗一同乘車前往察瓦龍鄉。這段路全程處於乾熱河谷地帶，一路都是塵土狼煙，我也剛好藉機讓受盡折磨的膝蓋休息一天。從村子先走七公里到達怒江邊的傳奇之路——丙察察，再沿著怒江走三十來公里到達察瓦龍鄉。後一段路我在半年前和朋友們走過，路況還說得過去，就是經常要走在怒江邊的崖壁小道上，對開車人與乘車人的心理都是個考驗。

　　近兩年來，隨著丙察察逐漸被人熟知，這裡也成為自駕、
騎行、徒步愛好者眼中的聖地，但來到這裡的人大多是衝著艱
險道路。我們比較貪心，除了來感受這條艱辛之路，同時也想
追隨前輩探險者腳步，了解此地歷史格局變遷。

傳奇之路丙察察

　　二〇一三年新年，朋友從英國為我帶回份禮物，一張印刷於一八八七年的中、印、緬三國之間未定國界的地圖，還有與這張地圖相關的英國皇家工程院院士——沃克爾將軍關於「怒江下游是哪裡」的研究報告。文中詳細記錄了傳教士、探險者從印度阿薩姆邦進入西藏察隅高原，並來到怒江流域傳教，並進行地理、人文等方面考察的過程。

　　三個月後，朋友為我翻譯的一篇小兩萬字，名為《西藏怒江：伊洛瓦底還是薩爾溫河的源頭？》的論文出現在我郵箱裡，一口氣看完。從歷史、地理，到人文、宗教，這篇論文更像探險遊記，記錄著當年那些探險者隨時有可能付出生命的艱辛歷程。只是到最後，沃克爾將軍論文的結論錯了，怒江已證實並不是伊洛瓦底的源頭，而是薩爾溫江的上游。

　　隨後不久，在微信朋友圈裡看到一篇旅行帖，關於滇藏之間的一條小路——丙察察，一條從雲南怒江州丙中洛鄉，沿怒江向北到達西藏察隅縣察瓦龍鄉，再由北向西，抵達察隅縣城的傳奇之路。對比發現，這條路就

是一百多年前那篇論文中提到的探險者和傳教士在中國境內行走的路線。於是，有了一個旅行計劃，在丙察察還沒有改建，基本保持著傳統狀態的時候，儘快走上這條傳奇之路。走上這條路還有一個重要原因，這條路的其中一段——阿丙村路口至察瓦龍鄉是梅里轉山的線路，而從丙中洛至察瓦龍，本就是梅里大環線的一部分。

就在轉山前的五月末，六個男人、兩輛車，我們走上丙察察之路。走上這條由茶馬古道改建而成的小道，感受這條在當今高速發展的社會中依然保持原來模樣的路。從那份考察報告上可以清晰地看到，早在一百多年前，外國探險者目的是考察發源於西藏的怒江下游到底是哪裡，是伊洛瓦底江還是薩爾溫江。

「丙察察」全長約二百七十公里，包括丙察公路和察察線，從雲南丙中洛鄉向北六十多公里到西藏察瓦龍鄉，再轉向西跨過怒江前往察隅縣。這條小道被人們稱為第七條進藏公路，是進藏路線中最為艱險，但景緻也是最能保留原始風貌的路線。丙察察路的前身是一條茶馬古道，因藏區屬高寒地區，以牛羊肉為主食的藏族同胞需要用茶分解身體脂肪，但藏區不產茶。而在內地，民間役使和軍隊征戰需要大量騾馬，而藏區和川交界的地方地產良馬。於是，具有互補性的茶和馬的交易即「茶馬互市」便應運而生。這樣，藏區和川、滇邊地出產的騾馬、毛皮、藥材等和川滇及內地出產的茶葉、布匹、鹽和日用器皿等，在高山深谷間南來北往，流動不息，並隨著社會經濟的發展而日趨繁榮，形成一條延續至今的茶馬古道。

近兩年來，隨著丙察察逐漸被人熟知，這裡也成為自駕、騎行、徒步愛好者眼中的聖地，但來到這裡的人大多是衝著艱險道路。我們比較貪心，除了來感受這條艱辛之路，同時也想追隨前輩探險者腳步，了解這條路兩邊千百年來的歷史變遷。

／丙察察的標誌之一——老虎嘴／

／丙察察之路的標誌——大流沙／

　　第一次看到朋友送的這份《西藏怒江：是伊洛瓦底還是薩爾溫河的源頭？》，注意到三個地名——茨中、察瓦博木噶、秋麻塘（Chamoutong），茨中去過多次，在瀾滄江畔，從查里通向下幾十公里就到，而察瓦博木噶和秋麻塘（Chamoutong），朋友不能確定準確的音譯，還標註了英文，但從地圖與文字內容可以確定，「察瓦博木噶」就是察瓦龍，「秋麻塘」則是怒江邊的下秋那通，「塘」與「通」「桶」，在當地也都是混用，音譯本就如此。

　　而論文中對傳教士遭遇的描述，則讓我聯想到第一次丙察察之行時，在丙中洛天主教堂後院見到的法國傳教士 Annet Genestier 的墓地。Annet Genestier 於一八八六年從印度阿薩姆邦進入中國，一八九八年來到丙中洛傳教，直到一九三七年病逝。墓碑是二〇〇五年重建的，而教堂附近的草叢中還散落著很多百年前興建時的石雕建築構件，這些構件與教堂本身還有墓地，都在四十年前被剷平。接待我們進入教堂的是藏族神父——扎西。在丙中洛、茨中等地，很多家庭都是各種信仰並存。

　　怒江中下游地區，高貢山山脊上那些葡萄、咖啡的種植都是百年前的傳教士帶來的。當初和朋友驅車前往怒江建於乾隆五十四年（1789 年）的雙虹橋，那是怒江上的第一座橋。拐下高速的潞江壩，坐在樹根茶臺邊，我們喝到了當地出產的手工沖泡咖啡，口感柔和，清新怡人。那一刻，能感受到當年那些傳教士的膽識、執著與激情，於信仰，於生活。

　　出阿丙村山口，沿著正在施工、塵土飛揚的丙察察向前，窗外偶爾有虔誠的香客徒步前行，時不時被車輪揚起的塵土湮沒。因為有公路，從阿丙村到察瓦龍這段路有九成以上的香客選擇乘車，因此也帶動了這一段路上的營運業，來自昌都、玉樹等地的營運「小麵」也打著接親友的旗號遠道而來搶生意。

　　路遇一座小廟，旁邊樹上掛滿供奉的念珠，各種質地都有，阿青布說

這是為藏區唯一的女活佛建的廟。正午的陽光下，小廟的白牆很是扎眼，廟門內，酥油燈的火焰隨著帶進廟內的微風飄逸搖曳。小廟在這乾熱河谷間帶給人們一處納涼之所。廟旁有塊白色巨石，上面有一道凹槽，並不是因為石頭本身是白色，而是巨石上面撒滿糌粑。

此處的溫泉很是有名，叫曲珠溫泉，就在怒江邊的岩石之間，泉眼很多，但水質一般。即便如此，對於轉山者來說，這也是外轉途中一項重要「福利」，轉山者可在溫泉邊紮營，也可在旁邊一處石頭房子裡過夜。

再往前是大流沙，瞬間被這從數百米高的山崖上傾瀉而下的灰白色流沙「瀑布」所震撼。相傳有一位蛇神與卡瓦格博鬥法，有一回蛇神在此處悄悄靠近正在吃飯的卡瓦格博，卡瓦格博順勢將手中的米飯撒向蛇神，米飯化為大流沙將其壓在怒江邊。

如今，大流沙是轉山者的必經之路，也是丙察察上的重要標誌之一，巨型滑坡地貌。大流沙所在的山峰從怒江邊拔地而起，直上數百米高，通體發黑，山頂之下的一處小山坳，流沙呈扇面向下，越往下越寬，最後直接鋪向道路衝進怒江，氣勢奪人。流沙下方最寬處有數百米，轉山者大多會選擇每天正午之前過大流沙，因為正午之後常常起風，白沙會隨風流動，甚至變成白沙瀑布從山坡上一瀉而下。流沙坡最下方，砌著一道堅固的岩石、水泥堤壩，但流沙早已漫過堤壩，繼續向怒江行進。路兩端停放著鏟車與推土機，隨時有道班工人值守，如果遇到嚴重滑坡，他們會馬上進行道路疏通作業。轉山者至此，也大多快步而行，但不忘從流沙間抓一把碎石帶走，這可是有著神蹟的聖物。

午後，來到察瓦龍公安檢查站，路邊到處是仙人掌，半年前路過時正是開花的季節，現在，仙人掌上都是小果子，但別貪心亂動，上面的毛刺會讓你無所適從。

「察瓦龍」這個詞原本的意思就是乾熱貧瘠的河谷，而察瓦龍鄉政府所在地，還有另一個當地人一直沿用的名字——扎那。

隨著丙察察道路的重修，這兩年察瓦龍的建設明顯加快，不斷地起樓房、建賓館，旺季時常常爆滿，一個標間怎麼也得三百元，到了秋冬時節，工人、遊客、轉山者都急遽減少，住店價格也立刻腰斬。在梅里轉山的道路上，察瓦龍也算是「大城市」，規模僅次於德欽縣城，除了這兩個地方，也就是幾個村莊了。

安頓好住的賓館，洗了個澡換身衣服，頓時覺得身輕如燕、精神煥發。溜達到鎮子上找阿青布——阿青布和大表哥要照顧騾子，所以我們沒住在一起。

遍布塵土與石塊的主街道兩側，布滿旅館、商店、雜貨鋪，話說這裡也就這麼一條街，很多轉山者都是住到前方不遠的龍普村。雜貨鋪裡很多貨品是經幡、膠鞋、背架等轉山者需要的貨品，商店裡則裝滿了食品、飲料，竟然還有蔬菜。

一陣風，捲起塵土打著小滾兒經過，有頭藏香豬帶著幾頭小豬穿過道路。路邊客棧門前，一哥們光著腳坐在路邊，正衝我傻樂——是轉山第一天晚上遇到的張傑。他兩天前就到了察瓦龍，在這兒等我一起去西坡，到了察瓦龍就給我打電話，打不通。我們當時在阿丙村，那裡本來有電信信號，但因為修路隊挖斷了線路，據說頭天中午好了五分鐘又斷了。

張傑就說剛到察瓦龍時遇到一個重慶的女孩兒，自己一個人背著大包走，一路不搭車。本來邀請她等我到了察瓦龍一起去西坡，但姑娘擔心時間不夠，休息一晚自己又接著往前走了。

晚上，普索朗請吃飯，在一處叫麗江飯店的小飯館，包間的牆上寫滿遊客感言，其中一段吸引了我和張傑的注意——「怒江都快走完了，還沒有掉下去——寂寞。」

／丙察察乾熱谷地塵土飛揚／

／丙察察路上的徒步者／

　　黃昏，最後一束陽光穿過山谷落在甲興的牧場與村舍上。
除了牲畜的叫聲與偶爾出現的村民對話，這裡的聲音，只有風
和雪山的冰崩。此刻，如巨大「白海螺」般的梅里主峰卡瓦格博
被鋪上一層金色。絕大多數看到梅里日照金山的人是在東側，
是日出日照金山，想看到日落日照金山，只有在西側。

世外甲興

　　從察瓦龍開始，我們離開預定路線，雇輛車前往卡瓦格博西側，被梅里群山環抱的西坡小村——甲興。

　　出城二十公里，在海拔三千三百五十二米的堂堆拉埡口向右有條小路，很多人不會注意到，從這裡前行數公里，爬升海拔一千米後就能看到卡瓦格博西坡。路上有一片森林大火造成的枯樹，光禿的樹幹在晨霧中扭曲著、伸展著。樹下的草是新長出來的，有些綠色，有些已經因氣溫降低而開始枯黃。早晚有一天，這些枯死的樹幹會被新長出的小樹取代，他們燃燒後的餘燼，也為後續的生命提供了更多養分。

　　清理掉山坡上滾落至路面的石塊，繼續前行。北側，一片片山巒在雲霧中忽隱忽現，司機說那是察隅方向，正西方向則是怒江峽谷，隱約可以看到察瓦龍，在懸崖新路上環山向上，終於到了能看到卡瓦格博的地方。察瓦龍海拔只有一千九百一十米，這裡海拔接近四千三百米，明顯冷了很多，風也很大。正東方向的卡瓦格博沒有從雲層中露出來。在它兩側，日

／卡瓦格博與山谷中的甲興村／

巴穆日斯那居左，瑪兵扎拉旺堆守在右側，像是門神。此時，我們離門神很近，在它的山腳下，可以看到道路蜿蜒向前，終點就是甲興。

說到梅里雪山下的村子，一般遊客只知道東南方向雲南德欽的雨崩，很少有人知道山對面西藏察瓦龍的甲興。甲興，是隸屬西藏察隅縣察瓦龍鄉龍普村的一個只有四戶人家的自然村組，數百年來，這是一個罕有外人知道的小村。因為去過的人很少，甲興村的村名長期以來連漢字寫法都沒確定，也有「甲應」的，也有叫「甲辛」的，但現在官方確定為「甲興」，也是取興旺之意。

如今隨著與外界道路的打通，也讓更多人知道了這個世外之地。甲興在藏語中是牧場的意思，因為察瓦龍鄉地處怒江乾熱河谷地帶，夏季對於犛牛來說過於炎熱，無法生活，扎那、龍普等地的犛牛必須趕到甲興避暑。

翻過一座海拔四千三百米的埡口，雲散了，眼前突然開闊起來，日巴穆日斯那與瑪兵扎拉旺堆之間的山谷裡，隱約可見一處開闊的牧場，其間幾座村舍，正西，一座外形酷似「白海螺」的巨大山峰端坐在幾公里外——是卡瓦格博！

從東側的飛來寺看卡瓦格博挺拔俊朗，而從西坡看則博大雄渾。我已有十次從飛來寺看卡瓦格博的經歷，春夏秋冬的卡瓦格博都見過，但從西側，還是頭一回。沿著蜿蜒向山谷而去的小路繼續前行，進入森林，有幾位修路工在加固道路護坡。他們不懂漢語，司機說，他們多是龍普村人，道路已修到村裡，他們現在主要的工作是加固護坡，特別是懸崖這一側，因為山體疏鬆，很容易產生滑坡落石。

察瓦龍鄉鄉長吳明軍對打通甲興的道路和推廣甲興很是在意，但他並不希望道路直接修進村裡，而是修到村外的小橋即可，這樣村子能保持原有生活和樣貌，深度遊的旅行者會更喜歡。如今公路打通，曾經的進村小

／最後一束夕陽照耀下的卡瓦格博／

／甲興村的清晨到處布滿冰霜／

／隨著道路打通，物資也更容易運進甲興，村民們也開始蓋房，一來改善居住條件，二來能做旅遊接待／

路依舊得以保留，就為了徒步的旅行者依舊能找到那份傳統與純淨。

　　四戶居民的房屋就建在海拔六千多米的日巴穆日斯那雪峰之下，這座雪峰在東坡遊人如織的飛來寺景區是看不到的，因為被主峰卡瓦格博遮擋。我們住在村口的江措家，村裡沒有電話信號，只有江措家有部衛星電話能同外界溝通。

　　「村子通路了，知道這裡的人慢慢多了，會有遊客來，這邊的親戚要蓋房，找我來幫忙。」

　　牧場邊，龍普村的達瓦茨仁在幫親戚蓋房子。路修好了，遊客來也會容易很多，到時候旅遊的生意應該不錯。達瓦茨仁的兒子土典關久怕生人，見到我立刻躲到父親身後，以後，估計見得多了，也就不怕了。

　　甲興村東頭，山谷之間有一片空曠的牧場，北側有一片經幡，南側則是條小河，幾公里外卡瓦格博的冰川融水從這裡流淌向西，匯入怒江。

　　黃昏，最後一束陽光穿過山谷落在甲興的牧場與村舍上。除了牲畜的叫聲與偶爾出現的村民對話，這裡只有風和雪山冰崩的聲音。如巨大「白海螺」般的梅里主峰卡瓦格博被鋪上一層金色。絕大多數看到梅里日照金山的人是在東側，是日出日照金山，想看到日落日照金山，只有在西側。

　　當最後一束陽光消失在卡瓦格博頭頂時，氣溫驟然下降，趕忙回到江措家烤火，準備吃晚飯。晚飯是野蘑菇炒臘肉，還有雞蛋湯。來甲興，可以選擇住村民家，一人一天連吃帶住一百元，也可以在小牧場上紮營，但我喜歡住村民家，這樣可以有更多機會與當地居民交流。

　　烤烤火，暖和些，出門看星空，相距二百多光年的 M31 仙女座星系隨北天銀河從日巴穆日斯那雪山上升起，逐漸向南飄去。忘不了二〇一三年深秋的夜裡，在卡瓦格博東面的飛來寺，也曾在夜空下看著它，與它在一起……

　　轉山者大多清晨就已經走過這裡，因為到了中午，炙熱的
陽光會將這一帶乾熱谷地瞬間變成火爐，溫度直線上升，白色
齏粉狀的道路宛如一條巨大的、不見頭尾的白蛇，晃得讓人必
須戴上太陽鏡。汗水幾乎連留下來的機會都沒有就消失了，隨
著陽光與燥熱的空氣蒸發了。

塵土飛揚的察左路

　　一早起來，天氣很涼，到處是冰霜。頭天下午在草壩上遇到的兩位旅行者來和江措告別，再確定一下直接翻越海拔五千米的埡口去梅里水的道路。昨日說要花一千元請村民背包翻山去梅里水的大姐追上來，說跟兩位旅行者約好一起走，他們竟然沒等她，自己要先走了，所以現在只能讓村民回家，要搭我的車走。我沒同意。既然前一天跟村民約好了，就應該履行約定。做人做事，還是應該有點契約精神。

　　出門溜達了一圈，返回江措家裡，她依舊在門口等，說此時如果不搭她，她也沒有能力離開甲興。於是說，沒必要給我解釋，如果那位被她放鴿子的村民依舊不滿，就必須給人家違約金我才搭她。如果人家說算了，我就直接搭她到堂堆拉埡口，之後要麼自己搭車去察瓦龍，要麼自己走去察瓦龍。

　　善良的村民雖不高興，但沒要違約金，大姐則同我們一起離開甲興。路上，大姐說她從丙中洛到察瓦龍時也搭過車，還給了司機一百元。從丙中洛到察瓦龍，沿著怒江峽谷的艱難險路，一百元已經很便宜了。

／從前往西坡的道路俯瞰龍普村／

／在峽谷間蜿蜒前行的察左路／

　　沒一會兒，大姐又說要隨我們去來得橋，我斷然拒絕，要是到了來得橋，她還會說想同我們翻索拉埡口，這樣就能輕鬆到達梅里石，再輕鬆地到達飛來寺。現在到處蹭吃、蹭喝、蹭車的人太多。

　　再次回到能遠眺甲興的埡口，卡瓦格博在強烈的陽光下有些晃眼，村子也不是很清晰，經幡在強風下簌簌舞動，像是與甲興告別。我靠在車座與車門間稍事休息，感覺有些累。昨夜看星空，沒有睡多久，加上已經走了六天，多少還是有些疲憊。下降數百米海拔之後，天晴了，山腰的迷霧逐漸散去，陽光在峽谷間遊蕩。一處轉角，透過樹林向山下看，陽光剛好掉在龍普村周圍，光線沿著山脊向村子移動，照亮明黃與翠綠摻雜的樹叢，照亮已經收割過，但依舊還有些綠色的農田，還有那些已經開始使用彩鋼板做屋頂的村子。

　　剛出堂堆拉埡口，竟然遇到在察瓦龍休整，等我們從甲興出來的大表哥。大姐見我和大表哥又擁抱又寒暄，知道必然是熟人，立刻來了精神，問能否和騾隊一起走。我當下拒絕，說騾隊要去翻越達古拉埡口和索拉埡口，她不可能跟上人家的速度。同時也告訴大表哥，我和她並不認識，只是把她從甲興帶出來。大姐只好自己背著包下埡口，往察瓦龍方向。臨走前，她還是對我能帶她出甲興表示感謝。

　　堂堆拉埡口路邊，幾位建築工人正在搭建房屋，估計基建工程完工後，從這裡前往梅里西坡該收費了。轉山者大多清晨就已經走過這裡，因為到了中午，炎熱的陽光就將這一帶乾熱谷地瞬間變成火爐，溫度直線上升，白色齏粉狀的道路宛如一條巨大的、不見頭尾的白蛇，晃得讓人必須戴上太陽鏡，想必藏區人得白內障的比例高也與此相關吧。此時倒不用擔心前幾天那樣總是一身汗。汗水幾乎連留下來的機會都沒有就消失了，隨著陽光與燥熱的空氣蒸發了。

察左路是通往左貢的，從察瓦龍到左貢，二百來公里，再快也得一整天。這條猶如白蛇的道路在山谷間蜿蜒向前，它旁邊還有一條「青蛇」相伴，那是峽谷底端的玉曲河。河如其名，雖不大，寬處十幾米窄處不過幾米，但猶如透徹的青玉，在峽谷間縈繞盤旋，奔向大山另一側的怒江。在丙察察之路的一座橋頭，玉曲河的清澈之水與渾厚的怒江融合，一個柔美秀麗，一個狂野不羈，交融一體，繼續奔流向前。

察左路是在玉曲上方的崖壁上開鑿而成，多數路段險而窄，和丙中洛到察瓦龍那段沿著怒江的道路相同又不同，不同的是氣候特徵，前一半是在綠樹相伴下行走，後一半則成了乾熱河谷；相同的是兩段路都在峭壁之上，路窄，會車困難，一旦失誤跌下懸崖基本就不用考慮活著上來。

察左路這段的山石風化非常嚴重，陽光和風配合著，經過千百年努力，將岩石化為齏粉，然後飄落。路是這幾年被拓寬的，以前是茶馬古道，寬不足一米，有些地方路面還因為雨水而缺失，用木棍和岩石補充加固。如果遇到下雨，道路泥濘，極易打滑。要是碰到颳風，路面上的塵土極易迷住人的眼睛，剛出的汗與灰塵混合，迅速乾巴，讓人的衣服變成「盔甲」。

道路拓寬後，有的轉山者開始選擇摩托車或營運小麵，但在這般道路上飛馳，乘車人也得有過硬的心理素質。搭小麵得關上窗戶，哪怕車裡再悶熱。坐摩托可沒轍，灰頭土臉自然是躲不掉的。

午後一點多，到了一天中最炎熱的時候，我們來到一個道路從中間穿過的小村子，全村就幾戶人家。路邊有一個小商店，還有間屋子，裡面可以吃飯。我們只是一人要了一個桶麵，在涼快的屋內泡碗麵，發發呆。桶麵是轉山者除了糌粑以外主要的伙食，只是越來越多的方便麵桶和塑料袋成了麻煩。

十多年來，阿青布一直致力於梅里雪山外傳線路上的垃圾處理，從十

／察左路和玉曲河宛如白蛇與青蛇，纏繞於山谷之間／

／在雪山下尋找電話信號的轉山者／

年前放置竹編筐，到現在的輪胎鋼絲筐。阿青布訂做幾百個，再一路用騾子拖著，翻過多克拉、翻過辛康拉，挨個放在轉山道路兩邊，有人聚集的地方多放。有茶棚的地方會有店主把垃圾筐放到自己的營地裡，阿青布也不說什麼，畢竟都是為裝垃圾用的。過不了倆月，很多垃圾筐的垃圾就滿了，阿青布和騾隊轉山時再想辦法清理，一來給沿途村民灌輸環保理念，讓大家就近燃燒填埋處理，二來也會將靠近村莊、道路的垃圾帶出去，統一清理。除此之外，有的茶棚主人也意識到垃圾帶來的問題，就把轉山者剩下的方便麵桶挨個扣在一起，一摞一摞，製成一堵牆——方便麵桶牆。

前方，出現了一個較大的村子——格布，阿青布和大表哥去商店裡買酥油，他們說這裡的酥油是當地產的，地道。此時天上出現層薄雲，但是炎熱依舊，我也脫掉衝鋒衣，風一吹，有些涼意。幾隻純種「奔跑雞」從跟前跑過，張傑來了精神：

「老白，你知道今晚住哪兒嗎？」

「不是這村子，還早，聽阿青布說是還要往上十來公里的一處茶棚，天黑前一定能到。」

「那你說，我們是不是可以帶隻雞上山，我們買啊！」

張傑一臉美滋滋的笑容，吧唧著嘴，彷彿雞肉快到嘴了，不知是燉雞湯還是黃燜雞。

　　夜裡，風捲著塵土肆無忌憚地穿過只有一米高柵欄的棚店，燒開水，泡茶，用便攜音箱聽著音樂，從《朝聖之路》《喜馬拉雅》，到《山丘》《This Is What It Feels Like》，大家感嘆，此時就差 WIFI 了……

夜宿馬店

　　從格布上山，沿著九曲十八彎的小路，逐漸爬升。我們越高，太陽越低，漸漸地接近了玉曲河對岸的山脊，天終於涼快些了。過了一處岔道，繼續向上，發現有些轉山者並沒有跟過來，而是沿著察左線繼續前行。阿青布說，西藏、青海、四川、甘肅等地的藏族大多從這裡開始不再走傳統轉山路線，不翻越前面的達古拉埡口和索拉埡口，而是直接沿著玉曲走左貢回西藏。也就是說，從這裡開始，翻越最後兩座埡口的基本就剩下雲南的轉山者，路上會清靜許多。而相比最後的索拉埡口，前面的楓林大道與各個「通」之間的小路，輕鬆得像郊遊。此時，想起在西坡時遠眺即將面對的索拉埡口，就像一堵牆，一堵海拔四千八百一十五米高的赭色巨牆。那是最艱難的一段轉山之路，在轉山者經歷了六日艱辛旅程後，面對的最艱險的埡口。翻過索拉埡口，就又從西藏進入雲南，雖然道路最艱險，但卡瓦格博把最艱難的道路與最美好的祝福一併留給了跨越這裡的人。

　　風逐漸大起來，攪動著低矮的灌木，一陣陣簌簌之聲。兩頭騾子明顯

／格布營地的圍牆只是一米來高的柵欄／

／在營地裡紮帳篷過夜／

開始疲憊，時不時停下休息。大表哥也沒有催促它們，倒是活力十足的張傑奔跑著，趕著騾子們前行。

張傑是正經戶外導遊，身體素質槓槓的，但他說在我們第一次見面分開後，他與兩位康巴漢子翻多克拉埡口時也幾盡崩潰。兩位康巴漢子原本要連夜翻山，但估計是怕張傑太累，有意讓家人先走，他們陪張傑。三個人天不亮就出發，開始還好，可在多克拉沖埡口時，背著七十升背囊的張傑實在頂不住，大聲嚷嚷著不走了，好心的康巴漢子說替他背，但這位三十出頭血氣方剛的戶外人士哪能幹，連喊帶叫滿嗓子哭腔地往前挪。休息時，兩位康巴漢子又掏出那塊牛肋骨削著給他吃，他倒不客氣，風捲殘雲幾乎吃光，再後來才知道，人家一路就那麼一塊肉，平時根本捨不得吃。

再後來，張傑在微信上說起這事依舊內心泛著波瀾——「那兩位康巴漢子真善良，一直幫著我，我怎麼就把人家的牛肉吃光了……希望有機會再見，請人家吃大餐……」

終於，天黑前，我們到了當天休息地，海拔三千米山梁上的一處平地，不大，也就一百多平方米，還分上、中、下兩層。下層有一個小商店，剛好在風口上，呼呼地大風從木板間的縫隙鑽進鑽出，門上著鎖。中層有一處棚店，整個就一馬店，有頂，但沒圍牆，而是一排一米來高的木柵欄。扶著柵欄往裡看，是兩排大通鋪——地鋪，上面堆放著被縟，用塑料布蓋著。旁邊還有個小棚子，柱子已經傾斜，地面有一些乾草，原是一個小商店，下層平臺建了更大的商店後，這裡就廢棄了。我和張傑決定當晚在這裡紮帳篷。此時，聽到上層那間屋裡發出砍柴的聲音，是伙房，估摸著店主人在裡面。

走進伙房，裡面有兩位年輕人，一位穿著土黃色套頭衫的男人在劈柴，掛著念珠；另一位在準備酥油茶，紅衣，帶著戶外線帽，瘦高身材。

二人不像是當地人，也不同於別的轉山者。一打聽，的確是轉山的，問店主人在哪裡，一位指著篝火邊取暖的一隻黑貓說：「牠就是。」

黃衣哥和紅衣哥來自川西道孚縣，他倆是完全按照傳統的轉山路線走的，只徒步、不搭車。

黃衣哥和紅衣哥住進店裡在伙房裡準備晚飯，阿青布則回到棚子邊餵騾子，這處落腳點在半山腰，過去沒有水，一年前，主人在旁邊做了個儲水窖，但水不多，大家得節省著用。阿青布先是拿過兩個飯兜，各裝了兩碗玉米和青稞混合的「重磅糧」，掛在騾子嘴邊讓牠們吃，然後找來一個盆子，裝滿水，又倒進一些玉米麵，攪和攪和讓牠倆當飯後湯。這一帶的山坡到了秋季沒有草，只剩下干查查的灌木，而前方就是索拉埡口，需要讓騾子多吃些「重磅糧」，保持體力。

坐在旁邊的木條上看阿青布餵騾子，突然覺得有什麼碰了我一下，雖然戴著手套，依舊能感覺到。低頭看，店主人那隻黑貓不知什麼時候溜達到我身邊坐著，膩著耍賴，想要吃的。我打開背包，拿出兩塊小麵包一個自己吃，一個給了牠。

仔細打量這伙房，是一個除了頂還有三面木板牆的房子，搭在一塊大岩石上，省了一面牆，還結實。火塘就在岩石下面，上方留了個出煙孔。火塘不知建了多久了，岩石上已是很厚的一片黑色。大表哥在用一個沒了把手的高壓鍋做米飯，還有尖椒炒牛肉，紅衣哥則煮著掛麵，他們儘可能少地攜帶物資，一路隨時補充。此時，黑貓也悄無聲息地溜達進來，聞到肉味兒的牠伺機想弄一口。這時，「突突突」的摩托車聲音由遠及近，店主人來了。主人是個二十多歲的年輕人，家住甲興村，叫尼瑪，太陽的意思。快到冬季，從這裡翻達古拉、索拉埡口的人很少，主人跑到山下的村子裡待著，留下黑貓看店。

／營地主人──尼瑪／

尼瑪認識阿青布，聽說我和張傑決定紮帳篷，不用他的被褥，便不收我們倆每人三十元的住宿費。在這裡，住店的人只收三十元住宿費，除此之外，都是免費的。拿到其他四個人一共一百二十元，在商店裡放下帶上山的一箱方便麵，尼瑪隨著「突突突」的摩托車聲逐漸遠去。

「老闆走了，我們現在就是老闆啦！再上來的，每人三十！」

抱了一塊木頭走進伙房的黃衣哥開著玩笑，繼續劈柴，多劈些，後面來的人就能省些力氣，繼續用。

暮光低沉，對面的山脊逐漸隱沒在黑暗之中，風依舊很大。晚飯後，我和張傑紮起帳篷，一個黃色、一個藍色，為光禿禿的山坡點綴著一抹豔麗。這種色彩天空並不缺少，雖然雲層還厚，但落下山脊的太陽努力將最後一縷夕陽拋了過來，帶來一片晚霞，淡紫色的。

大表哥去趕騾子，做飯時把牠倆放在山坡上自己找能啃得動的灌木枝條。棚店裡，我與阿青布、張傑、黃衣哥、紅衣哥一起聊著天，張傑拿出氣爐、水鍋，我拿出茶壺、茶具。打開電腦，裡面存著一年前路過黃衣哥和紅衣哥家鄉的照片和視頻，看到這些，兩人也頗感親切。

夜裡，風捲著塵土肆無忌憚地穿過只有一米高柵欄的棚店，燒開水，泡茶，剛好有六隻杯子。用便攜音箱聽著音樂，從《朝聖之路》《喜馬拉雅》，到《山丘》《This Is What It Feels Like》，大家感嘆，此時就差 WIFI 了……

大約半小時，大表哥還沒回來，阿青布有些擔心，出門去找。又過了半小時，還沒回來，於是大家分頭去找，這荒山野嶺的，也不知會在什麼方向，總之，走一刻鐘後必須回來。我和張傑沿下山路前行，沒走出一里地就碰到迎面回來的阿青布，騾子都找到了，兩個傢伙找吃的，但可能是可吃的東西太少，結果就一路下山，到了察左路岔口才被路邊商店主人攔住，他們知道騾子是阿青布和大表哥的，下午上山時看到了。

又過了片刻，聽到清脆的鈴聲在漆黑的夜裡傳來，大表哥趕著牠倆回來了，虛驚一場，沒事就好。這次大表哥在小路上堆了些乾樹枝，這樣騾子就不會順著路瞎跑了。

該歇了，第二天還有三十多公里路途，沿著玉曲翻越達古拉埡口，下到來得橋再爬上來得村。沒多久，張傑的帳篷裡傳來呼嚕聲，不是很大，更多的是風穿過棚屋，抓著帳篷搖晃的聲音。睡不著，走出帳篷，月亮還沒從東側山脊爬上來，雲已被風吹散，獵戶座掛在玉曲河谷的上空，慢慢的，由東南向西，偏北。

　　陽光落下來，讓這個經幡隧道光影閃爍，像是時空轉換的
「蟲洞」。有沒有機會通過「蟲洞」穿越玉曲河谷，直抵索拉埡
口之下？找了塊較平坦的石頭坐下，陽光透過經幡照在身上。

翻越達古拉

大風晃動著帳篷，發出「噗嚕噗嚕」的聲響，我醒了。拉開帳篷拉鏈，外面是青灰色的天，濃密的烏雲再次鋪滿天空，風，把雲吹散，風，也把雲帶來。

周圍一片寂靜，黃衣哥與紅衣哥已先行出發，這一夜就我們六個人和兩頭騾子在這片營地，還有那隻黑貓，黃衣哥也沒當成老闆。喝了一碗酥油茶，吃兩塊大麵餅，更重要的是燒了些開水灌進水壺裡，準備出發。感覺開始冷了，寒氣十足，離玉曲河谷越高越冷。

天還陰暗、青灰著，我和阿青布、張傑出發了，大表哥收尾，然後趕著騾子追我們。兩頭騾子後來沒再鬧什麼「幺蛾子」，一整夜老老實實在附近山坡上待著。開始的路很平坦，堪比第一天的楓林大道，一段段秋末景緻，讓人腦袋裡浮現出過去常聽的一首鋼琴曲——《秋日的私語》，那是曾經風靡一時的法國鋼琴家理查德‧克萊德曼演奏的曲子。十年前，理查德‧克萊德曼來北京演出，在北海公園見到這位曾經的金髮帥哥，頓時感嘆那段名言絕句的到位——「歲月是把殺豬刀！」這把刀很鋒利，我要趕快抓住自己青春的小尾巴。

／從達古拉埡口至玉曲河的最後一段陡峭山崖小路／

　　濃霧在松林間飄過，由遠及近，由近漸遠，逐漸露出身後數公里外的山谷，但看不到山谷最下方的玉曲河，那是我們頭一天走過的地方，現在已經越來越遠。出現在這條古老轉山路的轉山者很少，林間小路也比之前的楓林大道安靜了許多，除了枝頭迴蕩的小鳥叫聲，也就是我們走路發出的聲響。因為來這裡的人少，加之有些垃圾筐放得過於近，新擺放的鋼絲垃圾筐多數沒裝什麼垃圾。見此，阿青布背起一個垃圾筐往山上走，儘可能把垃圾筐之間距離拉開一些，然後用登山杖去扎那些掛在樹林間的塑料袋。他的左腿明顯有些打顫，畢竟裡面還有一塊鋼板，還斷了。有塊宣傳牌掉在地上，阿青布撿起來，在位置略高些的樹上找了個合適位置掛起來。宣傳牌上用藏、漢雙語寫著——「舉手做環保，世界更美好。」這條路上，環保，是每個人的舉手之勞。

　　從海拔三千米的營地逐漸向上，道路兩邊的色彩也在逐步增加，幾乎是每升高二百米就有不同的變化。越過松林向上，走進一片半透明狀的樹林，因為樹上掛滿松蘿，像是暗色林木間掛起透明的帷帳，實際上，這些松蘿已經乾枯，只是在柔和逆光的映襯下，更顯得鬆軟、舒適。地面鋪滿已經腐敗的落葉，偶爾伴有剛落下不久，較新鮮的葉子，上面沾滿冰霜。此處山林與剛才明顯不同，只是轉過一個山坳，提升了二三百米，空氣就不再乾燥，聞著都能感覺到那份細膩的濕潤。此時，感覺到身上更冷，因為出汗，空氣又不再乾燥，衣服上也已結滿冰霜。

　　拐過山坳，一處茶棚客棧出現在眼前，伙房很簡陋，也很陳舊，但居住用的木屋是新搭的，用了不少較粗的松樹幹，結實，不透風，比我們住的馬店強很多。由於是在山坡背陰面，棚屋、樹林、小路都顯現出一種冷色調，屋後的山坡上，有一排松針泛黃的松樹，逆光下，松針間的冰晶越發顯得晶瑩剔透。

在伙房裡烤火休息，體溫沒有上升的跡象，我開始哆嗦。張傑坐在門口，依舊大嗓門地講著他的開心事，冷凝的體溫像一縷縷「白煙」，從他裹著藍色抓絨衣的後背上升起，就像香港武俠片裡正在「排毒」的大俠。阿青布說這會兒還是吃份泡麵，哪怕不餓，也能補充些熱量。由於秋冬時節翻越達古拉的轉山者很少，這裡一天到晚不會有多少轉山者經過，但泡麵依舊五元一桶，價格公道。此時，女主人說，頭一夜有個漢族女孩兒在這裡過夜，重慶的。

邁著有些發虛的腳步，繼續向著達古拉前行，可能是氣溫突變，乾濕轉換太快，加之頭一晚在馬店並沒休息好，坐在土坡上看了兩小時星星，覺得體力有些透支。可不管怎樣，還是要繼續向前，先不想被阿青布提及多次的索拉堊口，達古拉和那幾公里的下山石階路就是眼前的一道檻。

阿青布在伙房就感覺到我狀態不如前，此時他也放慢腳步，讓張傑獨自在前面飆速度。張傑有些像之前一起走的扎西，健壯、活泛、愛聊天，隨時散發著無限動力，在光影交錯的林間高喊著一通跑，然後又回頭等著我們逐漸跟上。

終於，面前開始出現經幡，橫掛在小路兩邊的枝頭，越往前越密，到了堊口，乾脆是鑽進一條經幡隧道，彎腰前行。陽光落下來，讓這個經幡隧道光影閃爍，像是時空轉換的「蟲洞」。往前，有沒有機會通過「蟲洞」穿越玉曲河谷，直抵索拉堊口之下？找了塊較平坦的石頭坐下，一句話都沒有，陽光透過經幡照在身上，略微有了一絲回暖。

「丁零、丁零、丁零……」

大表哥也趕著騾子，貓腰穿過「經幡隧道」來到達古拉堊口，騾子忽閃著一寸長的眼睫毛看著我，時不時呼出粗氣，轉化為「經幡隧道」中的一股白煙，隨後消散。

／翻越達古拉 達古拉埡口的下山石階／

／達古拉埡口色彩濃郁的紅葉與松蘿／

該下山了，接著是阿青布最擔心的幾公里陡峭的石階路，雖然是下坡相對省力，但也是對膝蓋最強烈的摧殘，這對於我的右膝和阿青布打著鋼板的左小腿，都是極大的考驗。阿青布將護膝取出，隔著衝鋒褲包裹自己的膝蓋，張傑則直接脫掉了褲子綁護膝。我不用多費勁，護膝在馬店裡就綁好了。

下山路一開始還好，濕潤的泥土中有些碎石，上面鋪滿柔軟的落葉，道路兩旁是遮天蔽日的大杜鵑。我在想，來年得春夏之交來，到了這裡，會是在粉紅色的杜鵑隧道中前行，伴隨著枝頭的松蘿帷帳，多夢幻啊！阿青布說，達古拉就是杜鵑花之意，因為這裡有著數十平方公里的大杜鵑林。

剛愜意二里地，石階路就出現在眼前，一塊塊大小不等的石頭歪扭地擺放在迅速下切的小路上，很滑，要用登山杖下探找到穩定位置支撐，再逐個把腿放下來，還要小心避開那些更滑溜的樹根，要是不小心打滑，極易傷到腳踝或膝蓋。逐漸熟悉了這段石階之路，我開始蹦跳著下行，儘可能把重力壓在登山杖上，但此時也要極度小心不能出差錯。石階路，是轉山者們數百年來邊走邊修的，修路與轉山一樣，都是在修行，阿青布在這條路上收拾垃圾也一樣，是在修行，我略不同，是在修心。

出了杜鵑林，來到闊葉林帶。幾分鐘後，跨過一條小溪，前面是黃衣哥和紅衣哥，他們早半小時從馬店出發，我們已追上了。此時，看著身邊變換的山林和溪水，就像電影《指環王》中那些護戒使者行進在隨時可能出現半獸人的森林裡。不過，我們此時不用擔心半獸人的出現，這裡是精靈之界。

到達一片轉山者常用的林間空地休息。這裡是被精心收拾出來的，很平坦，完全能供百十號人休息過夜。我們停下來歇腳，再吃些東西，先期到達的大表哥也已將騾子放在山坡上吃草。這裡已從海拔四千一百米的

達古拉埡口下降了一千米左右，和昨晚的馬店海拔高度差不多，但鋒面雨帶來的濕潤空氣讓山這邊的植被遠好於馬店那邊。嚼了兩口隨身帶的小麵包，打開水壺喝了小半壺熱水，再緩緩。阿青布的左腿有些拐，估計是走那段石階路造成的，但他依舊不閒著，在空地上與懸崖邊撿那些被隨手丟棄的塑料水瓶和食品包裝袋。這裡建有一個垃圾站。

順著小路繼續向前，再次將黃衣哥和紅衣哥甩在身後，他倆不是走不快，而是在按自己的節奏走。就像生活在城市中，很多人會被身邊不同的節奏影響，但有的人會保持自己的節奏，過屬於自己的生活，我在盡最大努力做著後者。沿著路邊的小溪向山下走，溪水的潺潺聲也逐步改變節奏，直到耳中被轟鳴聲覆蓋，我們即將抵達玉曲河谷的底端。

從頭一天的格布村到現在，一整天時間，我們翻越一座海拔四千一百米的大山，而透著青綠色的玉曲，則圍繞著這座大山，寫下一個大大的「C」。張傑腿生「風火輪」，沿著半米寬的碎石路向下衝，腳下帶起一串串塵土，飄蕩在空中一時無法散去。我跟隨著阿青布保持下山節奏，保護膝蓋要緊。足有一個多小時路程，只聽到玉曲奔流的水聲，卻無法看到它。穿出森林，腳下又是碎石與齏粉的塵土，伴隨著玉曲的轟鳴，發現前方是一座斷崖，在山梁上連續斜切十多公里的小路至此中斷，以快速的「之」字回轉直奔山崖之下。坡度很陡，腳下的碎石嘩啦啦地墜入谷底，就像個「奪命追魂坡」。但我們此時卻開始興奮，來得橋就在谷底，只有不到半小時路程。

來得橋，海拔二千五百米左右，現在用的是一座鋼構工兵橋，老橋在上游一百多米遠的地方，基本已被廢棄，兩頭被封住，但橋上飄揚的經幡與風馬旗依舊講述著這座橋曾經的歷史，那是轉山路上的標誌之一。這是一整天來離玉曲最近的時刻。趴在橋欄上，看著下方的藍綠色發呆，水流

／達古拉埡口的下山路／

的聲音像奏響的音樂。

來得橋因橋頭的來得寺得名，是轉山道路上的重要節點。這裡逐漸發展成了一個村子，有不少二層小樓，正經的旅店與商店、餐廳一應俱全。隨著交通條件的改善，很多轉山者都開始從察瓦龍搭車來到這裡，再租摩托車上到來得村，或者直接到索拉埡口下方。更有雲南以外的轉山者乾脆不再上山，而是搭車直接沿著大路走左貢，回家。轉山的傳統雖然在，但已經逐步被現代的交通工具取代。

來得橋是西藏左貢縣地界，從一個縣進入另一個縣需要登記，橋頭負責登記的女警很友好，問我和張傑身體狀況如何，有沒有什麼困難需要幫助。登記完畢，我拖著雙腿來到一家商店窗檯處坐下——「來瓶可樂！」

此時已是下午三點半，我們用八個小時走了二十多公里，從海拔三千米的馬店到海拔四千一百的達古拉埡口，又一路下坡到海拔二千五百米的來得橋。可當天的行程還沒有結束，阿青布說當晚還要上坡，再爬升五百米，有四五公里，要走近兩個小時到只有幾戶人家的來得村。來得橋這裡的吃住條件都比山上的來得村好，而且物價也相對便宜，但我們第二天要衝索拉埡口，此時還不到下午四點，天黑前怎麼也能到來得村，這樣第二天衝埡口的時間與體能都更充裕。雖然此時我體能掉得很厲害，但只能繼續上山，鼓著勁繼續，把步子邁大。

　　已到一處山梁拐角處的張傑回身看著遠方，高聲唱著李宗盛的《山丘》，回身看，我們大半天的行程就是翻越一座巨大的山丘。

「騾子」與「野妞」

「越過山丘……才發現無人等候……」

已到一處山梁拐角處的張傑回身看著遠方，高聲唱著李宗盛的《山丘》，回身看，我們大半天的行程就是翻越一座巨大的山丘。

走了約半小時，我又落在最後，低著頭不想說話。大表哥趕著騾子在前，張傑緊隨，阿青布在後面陪著我緩步前行。

「太好了！有人了！不用繞回去找別的路了！」

突然聽到前面傳來一姑娘的聲音。抬頭看了一眼，在兩頭騾子前面，有個圓乎臉兒，背著大背包的背包客，正衝我們走過來。

「這不就是我前面給你說過，在察瓦龍碰到的那個『野妞』嘛！一個人背包徒步轉山的！當時讓她一起等你一天，她不幹，說是得儘快走，有緣嗨，又碰上了！」

張傑也很高興，緣分這東西說不清，察瓦龍偶遇，連名字都不知道，這過了三天，又遇見了。

「後面那個是從北京來的吧，怎麼走不動了。」

我很疑惑，她怎麼知道我從北京來，此時，「野妞」也已走到我們面前，話還沒停。

「前面小路有一段滑坡體，我自己一人沒敢走，這地方要是掉下去了，都沒個人知道，只好回頭找別的路，看到你們，還趕著騾子，立馬踏實！」

遺憾又很悲催的是，她壓根沒注意到張傑，因為讓她更激動地是看到了趕騾子的大表哥，知道自己不用回頭繞大彎路了。

一分鐘後，更悲催的事發生了……

「我在察瓦龍也見到一個背包的，他說讓我一起等個轉山第一天遇到的人，一起去甲興，但我要一直徒步，怕耽誤時間就先走了。他說他等的人在北京工作，還有梅里當地的朋友，雇了兩頭騾子，應該就是你們吧。」

「給你說這話的背包哥們兒不就是他嘛，這半天都沒認出來，人家得多鬱悶呀。」

我指了指旁邊不知說什麼好的張傑。

「哎喲喂！緣分呐！又見面了，眼花，剛才沒注意，你別往心裡去啊！話說在察瓦龍沒覺得你有這麼帥呀，所以一下沒敢認。」

此時，「野妞」一臉的笑攪拌著無盡的讚譽堆給張傑，就像藏區最純淨的犛牛酸奶，又加了一大把糖，用來安撫他受傷的心。

「看你也挺年輕的，這體能不行呀！快走、快走！」

「野妞」把矛頭對準了我，一來是她本就是個活泛的姑娘，二來估計也是很多天一個人悶頭走，悶過頭了。

「你身體可以呀，走得比這兩頭騾子都快，你叫什麼？」

「粽子。」

張傑網名叫「粽子」。

／從達古拉埡口至玉曲河的最後一段陡峭山崖小路／

「『粽子』多沒勁！就叫『騾子』吧，貼切。」

「『騾子』？！我也覺得這個名字更適合。」

說話間就回到了讓「野妞」折返下山的滑坡帶，有十幾米寬，透過灌木叢再往下看，滑坡帶越來越寬，到山腳下足有一百多米，要是一個人走著不慎滑落，確實沒人能一下看到。五個人、兩頭騾子，過這十多米寬的滑坡帶就不是什麼問題，逐個順利通過。當我過了滑坡帶，「野妞」已到前方左切大拐角，黃昏中，一個剪影揮動著手中的登山杖，回身給我加油，見此，我停下腳步舉起相機，推長焦，抓了一張。

「你是不是看我大長腿好看。」

「野妞」又是堆著一臉笑地打趣。

「大長腿我見過，必然不是你這樣的，但真心說，這麼有自信的姑娘我還是頭一次見，真的。」

「野妞」聽了也不生氣，照樣嘻嘻哈哈。我很佩服「野妞」，獨自一人前行，這需要有很好的身體和堅韌的精神，一個人面對危險、享受孤獨，一個勇氣十足的「野妞」。

再往前繞過幾個彎角，終於看到來得村的第一棟房子，在遠處的山崖邊，周圍映襯著秋天的色彩。前方來了兩輛摩托車，是往來來得橋與來得村之間拉轉山者的，有的人走到來得橋就選擇搭摩托車到來得村過夜，節省體力。

為了讓摩托車，我們順勢靠在左側山崖上休息。「野妞」八天前自己一個人背著大包獨自開始轉山，路上盡可能簡單，不多花錢。在察瓦龍聽張傑說甲興，其實她也想去，但多住一天就要多花百十塊錢吃住，再說去甲興因為時間問題要租車，她也不想蹭別人的車，乾脆不去。

此刻，雖然能看到來得村，但上山的道路依舊漫長，就像之前走雨崩，從下雨崩到上雨崩，眼瞅著就在前面，可怎麼走也走不到，快崩潰了。

　　體能即將耗盡，終於到了村子裡，整個村子不過就幾戶人家，村邊一塊空地上，有個塑料棚的營地，大表哥已經開始給我們準備晚飯，伙房裡還有一位黑衣漢族背包客，沒有答話，但應該是個有故事的人。

　　來得村在山坳之中，四面都是山，天黑得也快。幾撥轉山者在伙房裡各自準備著晚飯，其中一撥點的餐，店主人管做飯。大鍋飯，一口直徑一米的大鐵鍋。我們依舊是大表哥準備晚飯，有米飯、排骨湯，還有青椒炒菜花，對於這樣的環境條件來說，足夠豐盛。我邀請「騾子」和「野妞」一起吃飯，「騾子」已是老朋友，「野妞」看著米飯、炒菜、排骨湯，露出有些不好意思的微笑。八天來，她基本就是吃帶的乾糧，有時泡碗方便麵，這頓晚餐的豐盛程度是前八天沒法想像的。「騾子」和「野妞」說要交伙食費，我說先算算價，到了飛來寺一併交。其實，我也就是說說。「野妞」說打算第二天凌晨四點就出發，自己一個人去衝索拉埡口，但阿青布不讚同。上索拉埡口前一定要休息好，那是轉山路上最高的地方，坡度大，這個季節已經開始下雪，獨自一人太危險。

　　雖然歇了一個多小時，又吃過豐盛的晚飯，但依舊疲憊，溜達到小商店想買瓶飲料，什麼都行，但商店斷貨，只好買了瓶礦泉水。回到伙房烤火，「騾子」見我精神依舊很差，就從背包裡翻出一個小瓶子，取出一片維生素泡騰片遞給我，把泡騰片放進礦泉水瓶，晃了晃，水變成了粉色。「野妞」見我喝的水有顏色，轉頭對「騾子」說她也要，放了一片在水瓶裡晃，然後仰脖喝了一口，說不甜，還要一片。張傑說那是補充維生素的，不能太濃，結果得到的答覆是：「我喜歡甜一些！」

　　來到棚屋，裡面別有洞天，竟然有隔間。兩排大通鋪分隔成十來個小隔間，被大家戲稱為「包間」，包間之間的柱子上還有個插線板，能給大家的手機和充電寶充電，一堆手機擺在那裡，你也不必擔心誰偷拿自己的手機。

／大家魚貫而行通過碎石滑坡帶／

／茶棚吃泡麵，補充體能／

　　阿青布和大表哥選了靠充電插線板的「雙人間」，我和「騾子」「野妞」在旁邊的「三人間」，此時也就晚上八點，還無睡意，大家坐在通鋪邊上聊天，聊一路的所見所想。「野妞」拿著我的手機看照片，感嘆怎麼沒早些遇見，那樣自己就能留下更多的照片。

　　阿青布說伙房裡還有些熱水，最好去泡泡腳，我也正有此意，溜達到伙房門口找了個鐵皮砸出的盆子，舀了兩口熱水泡腳。

　　夜色中，有兩個身影從客棧邊的小路上經過，是瘦頭陀和紅衣哥，他們還要往前走一些，去村子裡的另一個客棧，那裡更靠前一些。回到棚屋，還沒進門就見「野妞」飛快地跑出來，直奔棚屋後的灌木叢，「騾子」說「野妞」鬧肚子，不知是兩片泡騰片太濃，還是長時間沒正經吃飯，一下接受不了今晚的米飯和肉。

　　十來分鐘後，「野妞」嘆著氣回到鋪上，拉開被子。我和「騾子」都是用自己的睡袋，阿青布和大表哥也是，因為這一路棚店的被子一般不乾淨，裡面藏著些跳蚤也不足為怪，可「野妞」不在乎，怎麼方便怎麼來。

　　沒多一會兒，「野妞」又拿起一包面巾紙跑了出去，我和「騾子」說，這狀況不對，明天可咋辦。當「野妞」再次耷拉著頭回到鋪上時，我給了她四粒諾氟沙星，黃連素之類的消炎藥對她已經不起作用了，必須強效的。

　　凌晨四點，「野妞」再次拖著自己癱軟的身體爬上大通鋪，終於有氣無力地睡下了。

　　兩天前在西坡，我們曾遠眺過這座海拔四千八百一十五米
的赭紅色埡口，還有前往埡口的那條小路，想著一天內要徒步
近四十公里，先爬升一千八百多米海拔，再下降二千七百多米
海拔，當時就感嘆，這絕對是一段暴虐的行程。

最大落差的爬升

　　天亮了，還是有些陰沉，陽光偶爾能從雲縫中掉下來，照亮村子中的樹林、草地。將睡袋裝好，檢查物品是否有遺漏。

　　「野妞」依舊耷拉著腦袋，沒了頭一天的歡實，「騾子」把她的相機和部分裝備塞進自己背包裡，最少三公斤。不管昨晚問題是不是泡騰片造成的，的確對「野妞」要負責，一起走到這裡，一起繼續前行。平時多背兩三公斤東西無所謂，但這將會是暴虐的一天，危險最大的一天，一切源自梅里外轉中最艱險的地方——索拉埡口。兩天前在西坡，我們曾遠眺過這座海拔四千八百一十五米的赭紅色埡口，還有前往埡口的那條小路，想著一天內要徒步近四十公里，先爬升一千八百多米海拔，再下降二千七百多米海拔，當時就感嘆，這絕對是一段暴虐的行程。

　　阿青布對富有激情的「騾子」說，索拉埡口是妖魔之地，不管是神是魔，都該敬畏，不能大聲喊叫，否則有可能隨之而來的就是大雨或暴雪，道路極其難行。那一刻，我想到了《指環王》裡索倫那座末日火山。也有

地方管這處轉山路上最高的埡口叫「說拉」，音譯，「說拉」和「索拉」都不是問題，我覺得「索拉」和《指環王》中的「索倫」發音還挺像，一個是小說中魔界之王，一個是轉山之路上的妖魔之地。

天大亮了，「野妞」半天沒出來，她似乎也不想吃早飯，不管味道怎樣，我還是吃了些粥和餅。在這條路上，特別是逐漸接近終點，體能消耗嚴重的時候，保持攝入足夠的熱量非常重要。頭晚見到的黑衣哥們兒在自己準備著早飯，簡單聊了兩句，他叫王瀚，廣西人，吃罷獨自先走。

「野妞」終於拖著沉重的雙腿來到伙房，喝了碗粥。大背包裡的防潮墊等物品已在「騾子」身上，但背包依舊鼓鼓囊囊，感覺她不大可能背著堅持前行。打開背包，裡面還有個小背包，我拿出小背包，裡面是方便麵等隨身帶的食物，也足有兩三公斤，這丫頭，為了節省開支，一路都是自己背著給養，因為路上賣的貴。

「這小背包你別背了，我給你安排。」

「可是，『騾子』已經幫我背了一些了，不能讓他再增加負重，太累了。」

「沒事，讓真騾子幫忙。」

拿過小背包，我走到正在打包裝物資的大表哥面前，問他能否把這個小背包放到已經空了一半的竹筐裡。大表哥爽快答應，說等會兒一起裝好，讓我們放心先走。

出了村，沒走出一里地，「野妞」已喘著粗氣時不時停下來休息，我和阿青布先行，「騾子」則放慢腳步陪著「野妞」緩步向前。陽光在身後的山坡上逐漸下行，我們則開始步入面前的森林，過了緩坡，開始在坡面上沿「之」字形小道上行，雙腿一下感覺變得吃力，但這只是一天的開始。

超過幾位藏族香客，到海拔接近四千米後，發現過夜的來得村就在腳下，幾乎是垂直的，太陽已越過來得村東側的山脊，陽光直接鋪在村子沒

／沿傳統轉山路線前行的王瀚／

多大的田地裡。從高處看，來得村就像一個火山口，周圍都是山脊，通向來得橋的小路在西北側山脊上向遠方延伸。村子周邊的植被反差也很大，西、南兩個方向的山脊只有一些稀疏的灌木，東、北兩個靠近梅里的方向則是成片森林，有的松樹已經變黃，開始落下松針，而多數依舊保持著翠綠色。我們正在這翠綠的森林間穿行，向東，繼續爬升。右側，突然覺得有些晃眼，側身看去，松林山脊的後面，一座雪峰正逐漸露出白色的肩膀，正臉兒還在雲間，陽光照在雪面上反射過來，有些刺眼。阿青布說那是日巴穆日斯那，甲興就在山的西南側。

到了海拔四千二百多米，有一處小平臺，此處有個茶棚，門口停著兩輛摩托車。這裡叫梅求補功，王瀚已經到了這裡，在休息。茶棚外，一隻松鼠輕盈跳躍，靠近我們帶的物資，牠知道這裡有吃的。坐在茶棚裡喝點兒酥油茶，緩一緩，松鼠蹦躂蹦躂地在竹筐附近晃悠，尋找可以弄到手的食物。突然，松鼠似乎發現了什麼，愣了一下，跳著跑開了。沿著路往遠處看，「騾子」喘著粗氣拄著登山杖出現在眼前，一分鐘後，「野妞」也出現在小路的盡頭，她看到茶棚，似乎看到了希望，邁大幾步追上了捯氣兒的「騾子」。

幾個人聚在茶棚裡，每人泡了一碗麵，這是前往索拉埡口最後一個有人駐守的茶棚，埡口之下還有一個，但那裡太高，海拔四千五百米左右，這個季節太冷，風又大，沒人駐守。往泡麵裡倒進水溫攝氏八十度左右的開水，燜著，在這海拔四千米的地方只能如此，就別想什麼味道了，補充熱量是第一位的。

王瀚再次先行，我又休息了十分鐘後出發。阿青布和棚店主人說著什麼，見我先走就提醒說，往前一公里有個岔路口，要走左邊的，右邊的會下到山谷裡。

／最大落差的爬升 從梅求補功遠眺日巴穆日斯那峰／

／索拉埡口下的夏季牧場，應急時可以在此處躲避風雪／
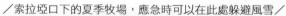

接下來的一段路非常平緩，爬坡角度幾乎可以忽略，完全是沿著山脊平行，在西坡埡口時就遠遠地看到過這條路，幾乎是直線，繞過一處山坳，直到索拉埡口之下。到了阿青布說的岔路口，向左，繼續輕鬆前行，走到山坳處，發現幾百米外，王瀚在往山谷裡走，身影在森林與灌木叢之間忽隱忽現。他一定走了右側的路，這條路通向道路右側山谷裡的一處臺地上的廢棄村落。喊了王瀚幾聲，他沒聽到，繼續前行。我倒不擔心，以他的體力狀態，到了那裡再折上索拉埡口沒有問題，只是必然會消耗很多體力。

王瀚抵達山谷底端的時候，阿青布和大表哥趕著騾子也追上了我，「騾子」和「野妞」還在後面，但「野妞」的背包在大表哥背上。離開茶棚時，大表哥乾脆幫「野妞」背上背包，經過昨晚那通折騰，她真的野不起來了。前面要翻索拉埡口，大表哥怕「野妞」體力不支出危險，就主動幫她背大包，說幫她放在埡口上面。

阿青布說他剛才是在和棚店老闆溝通，讓他在那裡設一個垃圾站，不要把垃圾直接扔在山坡上。這一帶的人沒有阿內村的人注重環保，因為他們並不住在那裡，不過是臨時在路邊做生意，沒有環保意識，這也需要反覆和他們溝通，說明環保的重要性。

看著下到山谷的王瀚，阿青布很是感慨，那條路是傳統的轉山老路，估計他不是誤闖下去的，很有可能是有意沿最傳統的線路行走。阿青布和大表哥對著王瀚長聲高喊，讓他注意路口。從我們所處的新路山梁上看，他該左轉折向埡口的方向。此時，聽到身後有摩托車聲，是中午那處棚店的摩托車，早先超過的那幾位藏族轉山者分批乘坐摩托車超過我們，直接上埡口衝坡處。這條新修的小路是來得村的村民為了方便載客上索拉埡口而自行修繕的，修好後，老路已很少有人走。摩托車逐漸遠去，我們則繼續緩慢前行，每一步都很費力，喘息的節奏越來越快，越來越強。回身看

著一步步走過的小路，向遠方延伸，最遠端，十多公里外，是雪山，靠近些，是已經無法看到玉曲河河谷，再靠近些，是一層層的松林，一片綠色，一片橘黃。很難想像，自己是一步步翻越這一座座大山走到這裡，這幾天膝蓋也沒出什麼問題，也許是緬茨姆在冥冥之中的眷顧。最近的地方，一里地之外的山坳，緩緩出現兩個身影，是「騾子」和「野妞」，他們逐漸跟了上來，沒有負重的「野妞」腳步輕鬆了一些，「騾子」在後，已經露出疲態。

　　等了片刻，三個人一起前行，來到衝擊索拉埡口的最後一個休息地，那座已沒人看管的茶棚，這是最靠近埡口的休息場所。此時，風很大、很冷，茶棚外的塑料水管附近結滿冰。從包裡拽出早已被汗濕透的羽絨服，還有一路沒用過的棉線帽子，能堆身上的全都堆上。這是最後一個埡口，也是轉山途中最高的埡口，海拔四千八百一十五米。此時，王瀚也出現在幾百米外的山坡上，他終於上來了，拄著一節竹竿，像個真正的朝聖者——他本來就是朝聖者。

　　終於到了索拉埡口的「經幡之門」，這是轉山途中最高的地方，本想此時坐下來捎捎口氣兒——可沒地兒坐！索拉埡口竟然沒有塊平地！直接是六十來度角的大陡坡！而我們就站在「刀刃」之上！

索拉之刃

　　阿青布和大表哥趕著兩頭騾子先行衝坡，我們四個人結伴同行。天陰沉下來，遠處的山梁上，兩個人和兩頭騾子的身影逐漸接近那片赭紅色的山崖，這山崖就像一堵三百多米的高牆，就像一個巨大的礦場——《指環王》中索倫的末日火山，最後一個山梁之上，像是護戒使者佛羅多與山姆艱難向前的身影。

　　一步步，我們接近最後那堵高牆，從最後一個茶棚到這高牆之下不過一公里，但感覺走了一天，怎麼也走不完。一次次回身，伴隨著急促的心跳，看著逐漸遠去的群山，告訴自己，自己已經有多麼努力，已經很好了，但還差一點點，就一點點……

　　再一次回身，「野妞」在我身後幾十米的地方，「騾子」卻被甩開到二百米開外，低著頭，挪著腿。

　　「都是被你們害的，害得我成這德性。」

　　「我們可沒害你啊，你自願給人家背東西的，你得負責呀！不過真的很

／雲層在「騾子」身後的索拉埡口上方劈開，露出一大片藍天／

／索拉埡口東側的下山路，從這裡到山口還有二十多公里，海拔下降二千七百多米／

牛了，這地方，多背一公斤都是折磨⋯⋯」

「騾子」快累垮了。拍拍「騾子」，讓他抬頭，已經可以看到索拉埡口最窄的地方，像一扇門，兩邊掛滿經幡，形成一道「經幡之門」，經幡向兩側山崖延伸，直至雲霧與積雪之中。雖然「經幡之門」遠沒有多克拉埡口的「經幡大陣」壯觀，但在這更高的埡口，有一種從沒感受過的氣場，不知怎麼形容才好，只希望能謙卑地躬身通過。

距埡口的「經幡之門」還有不足二百米，可此時，在海拔四千八百多米的高度，攀爬六十多度的陡坡，身處攜捲著雪沫的六七級大風之中，當天已經過七小時、二十多公里徒步，體能到達極限的時候，這二百米竟是那麼遙遠，似乎永遠無法觸及。

阿青布怕我們身體不適，停在這裡等我們，他也將背包中的一件紅色雨衣拿出來，裹在身上禦寒。沿著六十多度的斜坡往下幾十米，「野妞」掛著登山杖低頭捯氣兒，再往下是王瀚。再往下，順著小路往遠方，「騾子」背著大背包逐漸從山坳裡露出來，像是在海底行走，一點點地挪動著。我在原地等著「騾子」，等他上來了，舉起相機，給他留下一組照片，身後，是他跨越過的一座座山峰。

終於到了索拉埡口的「經幡之門」，這是轉山途中最高的地方，本想此時坐下來捯飭口氣兒——沒地兒坐！索拉埡口竟然沒有塊平地！直接是六十來度角的大陡坡！而我們就站在「刀刃」之上！

阿青布在此掛上一串經幡，王瀚則將自己用了一路的竹杖恭敬地放在經幡之間，表達對卡瓦格博、對轉山之路，以及索拉埡口的敬仰。

埡口背面滿是積雪，坡陡路滑，一不小心就有可能滑下山崖，「野妞」坐在不大的一塊傾斜空地上休息，感覺她害怕，不願站起來。這丫頭還想著自己一人夜裡出發來翻索拉埡口，現在知道了，索拉埡口可不是一個能

輕鬆通過的地方。她的背包不在，估計是大表哥沒放在埡口，而是背著繼續下山，大表哥不善言談，但與阿青布一樣，內心裝滿了善。

該下山了。我們面對的是索拉埡口東側一處鋪滿冰雪的六十多度大陡坡，放眼遠望，也是一片雪山，中間則是瀾滄江河谷。我們繞回來了，從瀾滄江畔出發，八天徒步二百餘公里，即將在瀾滄江畔結束旅程，此時，我們已離開西藏，重回雲南。

王瀚很利索地沿雪坡而下，早有準備的張傑套上冰爪，和阿青布一起扶著緊張的「野妞」向山下挪動。我沒著急走，先記錄下大家下山的場景，隨後跟在他們身後一邊拍一邊緩慢前行。可沒走幾步就遇到問題，因為注意力部分在拍攝上，險些滑倒，在這傾斜大雪坡上，原本不過一尺寬的小路全是冰，極易打滑。這裡可是索拉埡口，滑倒就有可能直接下墜二三百米。

阿青布發現我在自己下坡，大聲喊著讓我等他回來，我還是想嘗試自己下山，離開小路，踩在左側山脊的積雪裡繼續前行，但積雪越來越厚，如果站直身子，積雪下的碎石也會流動起來，一樣很危險。挪動二十多米後，我感覺的確需要阿青布的幫忙，因為這段路容不得任何差錯。

將「野妞」護送過大雪坡後，阿青布獨自返回來接我。阿青布引領著我繼續前行，從踩在什麼位置，到登山杖如何調整，在最危險的地段，阿青布甚至貼著小路邊緣站在我的外側，一方面是保護，二方面是讓我放鬆。

好歹下到雪坡的底端，往後是「之」字形小路，對我沒有困難。「騾子」和王瀚幫「野妞」繼續前行，阿青布也落得一身輕，快步下山去追趕早已通過埡口的大表哥。

終於到了穩當的地方，所有人鬆口氣，突然感覺天空更亮了，回身看，天空的雲層在埡口的位置劈開了，分向左右，中間露出一塊「V」字形的藍天。藍天之下，是背著大包行進的「騾子」，很英武。走過之後，埡

／最後一夜的紮營地／

口之上那藍色的「V」依舊在風中改變著姿態，最後映入腦海的，是一個「心」，巨大的藍色的「心」，就如兩年前的秋季，梅里三日面對的那種藍。

　　一路在積雪覆蓋的杜鵑花叢中下山，只是季節原因，無法領略漫山杜鵑花開的盛景。這裡的杜鵑不同於達古拉埡口的大杜鵑，身材嬌小，不到一米高，但成片地鋪滿下山小路兩側，可以想像，到了杜鵑花開的時節，這裡會是怎樣的景緻，以後一定會再來這裡，在杜鵑花開的時節。

　　逐漸接近終點，腳步也變得輕快許多，一小時便從海拔四千八百一十五米的索拉埡口降至海拔四千米左右，已能聽見冰川融水奔湧向下的轟鳴，是扎西牧場。沒有停留，我們打算降到海拔再低一些的地方，本想從索拉埡口下來後直接出山，但阿青布說安全第一，夜裡最好不要趕路。

　　大約在海拔三千八百米之處，路邊出現一個小賣店，還有一間「豪華」的石屋，石屋門頭上寫著——「魯瓦村魯茸牛場」。這裡是一處優良牧場，坐下來休息，突然聽到身後有「哼哼」聲，一頭身材健碩的大花豬晃了過來，根本不怕人，哪怕相機都湊到臉前。此時，「騾子」和「野妞」也來到近前，「騾子」癱坐在木樁上，「野妞」象徵性地為他按摩鬆骨，表示感謝。阿青布說這裡不是當天的休息地，還要下行兩三公里，因為魯茸牧場的海拔還是高，晚上會冷。

　　兩三公里的下行路此時真不算什麼，半小時搞定。河邊一處空地上，趕著騾子早先抵達的大表哥已經開始準備晚飯，這是我們外轉路上的最後一夜。晚餐非常豐盛，大表哥將剩下的最後一大塊醃肉切成一釐米厚的肉片，加上土豆塊、午餐肉一起放進鍋裡，鍋支在兩大塊木頭上，中間是相對小塊的柴火。火焰跳躍著舔著大鍋，一點點地加熱冰川之水，我和王瀚坐在鍋旁聞味兒，等著開鍋後填飽肚子。「野妞」拿起相機開始瘋狂拍照。相機一路都是「騾子」幫她背著，拍照有我，她倒省勁。

　　山谷裡天黑得早，阿青布抱來幾段枯樹幹放進火堆裡，一串串火星隨著劈啪聲飄向空中，幾個人蹲坐在火堆旁烤火、喝茶、聊天，氣溫開始迅速下降，但火焰晃動著，將每個人的臉映上一片暖色。王瀚說這是他第二次轉山，十年前看過田壯壯的《德拉姆》後，隻身來怒江旅行，在阿丙村遇到幾位藏族轉山者，他那時並不明白轉山的概念，只是覺得和幾位藏族朋友一起旅行挺有意思，於是一路前行，完成了他的第一次梅里轉山。「野妞」是個地道的野妞，喜歡徒步旅行，因為覺得搭伴兒同行有時候太麻煩，乾脆就自己一個人走，梅里轉山只是她這次雲南旅行中的一站，之前在版納，隨後要去香格里拉，還有麗江。

　　夜逐漸深了，大家開始紮帳篷，我和「騾子」各有一個帳篷，王瀚為了減負，只帶了一個防雨篷，底下鋪個防潮墊就鑽睡袋，阿青布和大表哥依著大樹打地鋪，把騾子身上的厚毛毯墊在地下，上面是睡袋，在上面蓋一床被子，這是他們最傳統的過夜方式。「野妞」有睡袋沒帳篷，一路她都是睡茶棚客棧，這下遇到了問題，於是決定和「騾子」混帳──混帳篷。我和王瀚打趣兒的對「野妞」說，「騾子」一路太辛苦，晚上可要照顧好人家。聞此，「野妞」抬眼說：「就你倆話多，再話多晚上鑽你們帳篷！」

　　「我沒帳篷，就一棚子還四處漏風，你鑽他的吧！」

　　王瀚見狀迅速做出反應，我也趕快接茬說，我那個是單人帳篷。阿青布和大表哥坐在大樹下樂噴了，當然，大家都是在開玩笑，為一路的艱辛解解悶。

　　該歇了，伴隨著河水的流淌聲鑽進帳篷，此時，衣服、睡袋、帳篷，都是潮濕的，剛才烤得挺暖和的身體驟然冷卻……

　　轉山十日，二百公里，再次回到熟悉的地方，再次見到一
片雲都沒有的日照金山，感受陽光撞擊在卡瓦格博的雪上發出
迴響。對於常來梅里，對於自虐式的轉山，每個人都會有不同
的看法。對我來說，這是我的生活。享受著陽光，呆呆地看會
兒雪山，該走了。

仰望卡瓦格博

　　幾乎一夜未眠，很冷，沒有睡意。一點鐘睡不著，寫日誌；三點鐘睡不著，拍帳篷外樹林間的星空；六點鐘睡不著，起來烤火。一顆閃亮的流星從頭頂林間劃過，很亮，向南，那是卡瓦格博的方向，應該能照亮卡瓦格博的雪，哪怕一點點微弱印記。

　　最後的一段徒步路線，蜿蜒向下方的山口行進，膝蓋還好，心情也還好。伴隨著《The River Flows In You》的迴響前行，此時的冰川流水已是向東，往瀾滄江方向。路過一處掛滿經幡的小橋，橋下河中的岩石上有兩處酷似腳印的痕跡，傳說是卡瓦格博與戰馬的腳印。我雖認為這不過是自然界留下的印記，但對於當地藏族民眾的信仰，始終保持那份應有的尊重。

　　梅里雪山的本意是藥材之山，一九〇八年，法國人馬傑爾・戴維斯在《雲南》一書中使梅里雪山的這個名字出現在文獻記載中，但他說的梅里雪山不是現在通稱的梅里雪山，而是卡瓦格博北側的一段小山脈，主峰便是索拉埡口邊的索拉曾歸面布，海拔五千二百二十九米，山下的小村——梅里石也

就是因此得名。至於為什麼當地民眾尊稱為卡瓦格博的太子雪山被廣泛稱之為梅里雪山，問題源自上世紀六〇年代的全國大地測量。當時有支測量隊來到這裡，誤把太子雪山標記成梅里雪山，從此，太子雪山就一直被稱作梅里雪山，而梅里雪山在世界範圍內的聲音，甚至蓋過了這座雪山最傳統的稱謂——卡瓦格博。

藏族民眾尊稱卡瓦格博為「阿尼卡瓦博格」——卡瓦格博爺爺，或是「念青卡瓦格博」——很厲害的卡瓦格博，甚至不能用手指著卡瓦格博說話。如此被一個民族敬仰、膜拜的神山，因為信仰不同，而在另一些人眼中不過就是一座攀登難度很大，但一定能征服的山峰。

我第一次知道梅里雪山的名字是一九九一年年初，因為那次山難，說中日聯合登山隊在攀登梅里雪山主峰卡瓦格博時遭遇雪崩，十七位登山隊員遇難。當時感覺這些登山者面對艱難，面對未知的世界真是無比勇敢。直到多次來到這座雪山之下，認識了很多當地朋友，更多地了解當地民間風俗之後，意識也發生改變。逝者該去紀念，一個民族的信仰更該尊重。

四年前，看到一部紀錄片《卡瓦格博》，這是我所見過的比較詳細記錄那次山難前後過程的片子，也在多個層面對攀登梅里雪山進行了探討。

一九九〇年十二月二十八日上午十一時三十分，登山隊從四號營地出發，由主峰背後的山脊到達六千二百米的高度。就在此時，風雲突變，在到達六千四百七十米高度，距峰頂垂直距離只有二百七十米時，隨著烏雲的到來，氣溫急遽下降，能見度幾乎為零。下午四點，風雪肆虐，絲毫沒有停止的跡象，登山隊長只能痛苦地做出決定，取消登頂計劃，返回三號營地。

「天氣越來越壞，風也越刮越大，卡瓦格博的臉躲在一大塊很厚的雲層中。我們堅持不住了，準備往下撤⋯⋯」

漫天飛雪中，五名突擊隊員徹底迷失了方向，日本隊員船原尚武在後來被發現的日記中描述著當時的危機。

夜裡十點多，風停了，月光把雪地照得亮堂堂的，突擊隊安全回到三號營地。這次突擊頂峰功敗垂成，但他們不知道，卡瓦格博神山還有更大的災難正在等待著他們。

有人說是信仰的力量，有人說是登山隊的宿命，暴風雪再次籠罩三號營地，十七位登山隊員再沒有機會出發，去走完那最後一段已不算艱難的衝頂之路。

一九九八年七月十八日，明永村村民上木達瓦等三人在放牛回家的過程中，發現海拔四千多米的明永冰川上有很多五顏六色的東西，上去一看，三個人驚呆了，冰川上散落著海拔表、照相機、帳篷、衣服，還有登山隊員的遺骸。卡瓦格博的雪裹著經冰川擠壓、侵蝕，已經殘破的照相機、日記本、明信片、登山用具，以及人體遺骸，從當年發生山難的中日聯合登山隊三號營地一路向下，像是卡瓦格博將這些不屬於自己的東西推離出來，也像是將這些隊員的遺體與遺物交還給他們的家人。

我們逐漸靠近山口，小路邊的一棵樹上掛著塊字跡不很清晰的廣告牌──「前面往下，走十五分鐘，有住宿、飯店、涼粉。」也許是廣告牌的主人用時間標註的距離不夠準確，也許是此時我們的腳步更輕快，不到十分鐘就到了一處茶棚。這裡是最靠近山口的一個小店，早先到達的「騾子」給我遞過一瓶可樂，自然冰鎮。坐在那裡，看著山谷兩側巨大的滑坡體，心裡盤算著，不會塌方吧。

終於走過最後一座橋，繞過最後一個彎，二一四國道出現在眼前，體能恢復過來的「野妞」撲向已經將兩頭騾子趕上路口小貨車的大表哥，給靦腆的大表哥來了個大大的擁抱。沿著二一四國道前往飛來寺，這段路非

／卡瓦格博之下的明永冰川／

／卡瓦格博之下，飛來寺日落時分／

常熟悉，四年來走過不下五次。窗外，卡瓦格博在雲間忽隱忽現，翻越達古拉之前一起過夜的黃衣哥和紅衣哥還在繼續沿公路徒步前行，他們要完全用自己的雙腳走完所有的路。高聲和他們喊著「扎西德勒」，祝他們一路平安。

在通往明永冰川的岔路口，看到一塊新的路標指示牌，曾經兩次從這裡前往明永冰川，都是秋季。沿著已經修好的棧道向上，可以清晰地看到河谷冰川的冰舌崩裂坍塌的痕跡，當時甚至在想，會不會看到隨著卡瓦格博的雪出現在此的登山隊遺物。

正午，趕到飛來寺，阿青布和大表哥回查里通，「騾子」從德欽縣城搭長途車去香格里拉，我回到酒店。終於可以休息一下，洗個澡，換身衣服。王瀚和「野妞」住在附近的客棧，收拾好東西後來我屋裡洗澡，這邊的條件要好很多。

王瀚快速沖澡完畢，待「野妞」去洗澡時，我和王瀚坐在陽臺上，喝茶、聽音樂。卡瓦格博的雪將陽光反射而來，有些晃眼，但暖暖的。

「今年是藏曆羊年，是梅里雪山的本命年，也是我的本命年，眼瞅著一年到頭，還是決定放下手頭的工作，再一次來梅里轉山。不像行走在轉山路上的香客有宗教信仰，我只是想來了，可以說是體驗，也是旅行，人生的行走。」

二〇〇五年，看過田壯壯導演的《德拉姆》之後，剛在上海開始自己生活的王瀚來到怒江，無意之中開始了自己的第一次梅里轉山之旅。又過了四年，不願在繁雜、喧鬧的大都市中生活的他選擇了大理，辭去月薪過萬的工作，開始他自己喜歡的生活，清靜、無爭。在大理，鄰居們親切地稱他為「王木匠」，依靠自己的手藝和創意，王瀚在自己鍾愛的地方生活，甚至希望能夠在這裡終老。但以後的事，誰知道呢。他說，在已經完全商

／一位走出山口的藏族轉山者搭摩托車沿二一四國道向西藏方向而去／

／前往雨崩、明永與德欽縣城的路口／

業化運作的雙廊，沒有資金和人脈很難立足。好在大理就是大理，只要你
願意，總有你能立足的角落。

　　完成轉山之旅後，王瀚又要回到他生活的地方，在大理床單廠藝術區
捌飭自己那不足百平方米的工作室。不管在梅里還是大理，不管去轉山還
是做木匠，王瀚始終努力用自己喜歡的方式尋找自己想要的生活。艱辛無
所謂，清貧無所謂，重要的是這是自己短暫生命中最想要的生活。

　　每個人都有自己的生活、自己的選擇，王瀚如此，我也一樣。面對卡瓦
格博，我們聊著自己的生活，也交流著對旅行與登山、信仰與尊重的觀點。

　　一九九六年中日聯合登山隊再次失敗，圍繞登頂梅里雪山的爭論也越
來越激烈，爭論從雪山下的村莊擴大到了外面的世界，從登山圈子擴大到
了社會各個領域。登山界的多數人認為，藏區的很多山都是神山，為什麼
這一座就不能登，總有一天能夠做到登頂卡瓦格博。也有登山人士一直呼
籲，應該尊重一個民族的信仰。

　　二〇〇〇年，數十位中外學者、官員、活佛和當地村民一起商討卡瓦
格博的環境與文化保護的問題，各方人士還簽署了關於禁止在梅里雪山進
行登山活動的呼籲書，呼籲政府立法保護神山，請各界人士尊重藏族人民
的風俗習慣，拒絕任何國家、組織和個人以任何理由登頂梅里雪山，請國
內外所有熱愛自然、尊重各民族文化的朋友共同保護梅里雪山，為人類留
下這一永恆的淨土。

　　二〇〇一年，當地正式立法，明令禁止攀登梅里雪山，這是中國第一
座因文化得到尊重的雪山。

　　次日凌晨，天還沒有亮，窗外的卡瓦格博在排成一條直線的木星、火
星、金星、殘月的微光下清晰顯現出偉岸的身影，隱約間，似乎能聽到低
沉、雄渾的誦經聲。三年前的同一天來到這裡，天空一片雲都沒有，早晨

感受陽光撞擊在卡瓦格博冰川上的迴響，今天又是如此，一片雲都沒有。

梅里往事的天臺上，幾位日本遊客在等待日出。就在陽光落在卡瓦格博之巔的那一刻，一位身形略胖的日本遊客突然帶著兩位同伴雙手合十，開始輕聲但又渾厚有力地誦經。他是一位日本僧侶，另外兩位不知只是對卡瓦格博充滿崇敬的普通遊客，還是把生命留在這裡的日本登山者的家人，誦經，也許能讓逝者的靈魂得到安息，或者能找到回家的路……

轉山十日，二百公里，再次回到熟悉的地方，再次見到一片雲都沒有的日照金山，感受陽光撞擊在卡瓦格博的雪上發出迴響。對於常來梅里，對於自虐式的轉山，每個人都會有不同的看法。對我來說，這是我的生活。享受著陽光，呆呆地看會兒雪山，該走了。

轉山，這裡是起點，但未必是終點，所有來過這裡，生活在這裡，有幸一睹雪山盛景的人，對於梅里雪山來說，都只是過客。

後記

　　熟悉的天空、熟悉的街道、熟悉的早餐鋪、熟悉的炮仗花
又到了開花季節，三角梅依舊不管春夏秋冬放肆地綻放，這裡
似乎沒有四季。

梅里驛站

再次來到這座城，一下想不起來是第幾次了，很喜歡大理古城，這裡恐怕也是除了哈密、北京以外，自己生活最久的地方。

廣武路七十一號的老院門拆了，在重修，沒了原先的古樸沉澱之美；玉洱路路口的燒烤店也拆了，但晚上的路邊攤還在；曾經住過時間最久的客棧換了老闆，櫥窗裡那兩隻愛誰誰發呆的胖折耳已不知去向。有改變，有不變，這，是我的梅里驛站……

離開梅里，回到大理。二一四國道用四百六十多公里的公路，將大理古城和梅里雪山連在一起。這裡是很多遊客的首選旅遊地，但對於我不同，首先我曾考慮在這裡安家，其次則是每每作為前往梅里的休息地，像是驛站。

第一次來到大理是二○○六年春夏之交，朋友圓圓有一部電影在大理拍，應投資方邀請來到大理，說是探班，實為度假。

「你知道我為什麼叫你老白嗎？因為我家的小狗叫小白。」

「老白，別喝可樂了，我試過，用可樂刷馬桶很好用。」

此時，我剛打開一罐可樂，喝了半口……

第一次大理之行也就是三四天，早起在周邊逛逛，空氣濕潤又不潮悶，很舒服。我對那些名勝沒興趣，三塔只是路過，沒進去，直到現在都沒進去過，但對這裡的古街小巷很是鍾情。古城北門附近的巷口有一座基督堂，身穿白族傳統服飾的白族婦女或走入或走過，感覺有些穿越，又那麼真實。

唐導是那部電影的監製，他說他是來打醬油的，也就是到大理混幾天，當度假。傍晚，唐導跑來我們住的酒店，叫著去人民路一小飯館吃飯。那時的人民路很安靜，沒有現在這般混亂與嘈雜。

晚上，幾個人約著去洋人街，那裡是大理入夜後最熱鬧的地方。大家坐在一個叫太白樓的西餐吧門口，周圍很嘈雜，鬧騰。我不習慣那種感覺，走了。

二〇一〇年春節，在許公子的帶領下第二次來到大理，住在雙廊的玉幾島。那時的雙廊簡直就是我夢寐以求的養老之地，一個安靜、祥和、淡然的洱海小鎮。

許公子的朋友阿文在這裡有處會所，我們就在那裡過了兩天幽靜日子。同住在這裡的新朋友說，「玉幾」也許是「王者」與「凡人」的意思，凡人總想不平凡，「凡」變為「幾」，王者若能多分幽靜的凡人之心，則成為「玉」……

那時的雙廊是個保持著傳統，也擁有極大包容心的地方，人們平和、淡然地生活。這裡只要家門開著，你隨時可以走進去看看、轉轉。宗祠對面有棵大青樹，樹下有數十位居民在聚餐，我們以為是在辦婚宴，結果有位大媽平靜地說：「在辦喪事。」抬頭，門上貼著四個字——駕鶴西去。

這個幽靜小鎮，淡然純樸的民風撫平了都市中躁動的心。

／大理慢生活／

二〇一二年，鐵流叫著一起到大理，去做關於愛滋病與麻風病的專題。這一次，認識了波波——張建波，從此，來大理有了不同的定義，不再只是遊客，而是走入大理人的大理。

波波是大理第二人民醫院的大夫，從事愛滋病防治工作的十多年裡，通過他的個人交流能力引進國外數百萬防愛經費，並把二〇〇七年獲得愛滋病防治特殊貢獻獎——馬丁獎的十萬元人民幣捐出成立「愛童基金」，定期給感染了愛滋病的兒童、孤兒和受愛滋病影響的兒童生活補助，張建波說這只是希望那些孩子能像自己的兒子一樣擁有喜歡的玩具和零食。

波波不只是一個大夫——一個美國前總統克林頓訪華時專門點名要見的大夫，同時還是一個活寶，閒下來隨時能耍寶。通過波波，又認識了一票大理的朋友。晚上聚會，又來到洋人街，還是太白樓！這次沒坐在門口，直接進門上了二樓，一個亦靜亦鬧的小世界。這次認識了太白樓的老闆段貓貓，知道了這是大理最早的西餐吧，建於一九八六年。

第二天，波波帶著我們環洱海一日遊，在喜洲吃粑粑，見識了廟裡給豬大仙供豬頭。下午到了雙廊，發現短短兩年時間，這裡已成為一個大工地，到處在建客棧。波波說裡面有個海之書館很不錯，可以待著休息一會兒。到門口，一愣，這不是阿文家嘛，兩年前許公子就帶我們住在這裡。

休息，喝茶，暫別外面的喧鬧。

離開雙廊時，感覺很不好，這裡已不是兩年前的那個雙廊，之後，再也沒有來過⋯⋯

離開雙廊的第三天，我獨自一人前往梅里，從此，開始了五年十至梅里的旅行，就像鐵流說的：旅行，是人生征途中的歇息。

二〇一三年十一月，與鐵流和小馬哥鑽進大涼山，做愛滋病與失依兒

童的採訪。經歷各種艱辛後，鐵流和小馬哥去大理喝茶，我則和志願者郭秀全去滄源的中緬邊境，然後再返回大理與他們匯合。鐵流和小馬哥開的SUV是小馬哥朋友的，是他用自己的 MINI 與人家換的，說是要帶遠方來的朋友到成都周邊轉轉，結果不小心跑到了幾百公里外的大涼山，又不小心跑到了一千多公里外的大理。小馬哥說，成都是大城市，這裡都屬於成都周邊。

從滄源返回大理，休息兩日，告別鐵流與小馬哥，租了輛車再次前往梅里。據他倆說，返程回成都時路過滇川交界遭遇檢查站，被盤查。

二〇一四年深秋，再次來到大理，這次長租了一間客棧，多住些日子。客棧門前的櫥窗裡有兩隻折耳貓，胖乎乎的成天都是一副愛誰誰的表情，挺好，活自己。

這個秋天多雨，一早在雨中溜達去人民路。早上沒幾個人，除了大理四中的學生外，還有幾位菜農推車賣菜。買菜的有當地人，也有常住古城的外來客，大家都深愛著這座城，享受在這裡的安逸時光。一位流浪漢牽著他收養的幾條狗走過街頭，雖然狗都被拴著，但牠們明顯很開心，哪怕是跟著一位流浪者，牠們也已不再是流浪狗，至少有主人，主人會關心它們。

走過小巷前往波波的醫院，路口拐角處，幾位身著白族服飾的大媽在一大門前買著早點和新鮮蔬菜，那大門是一座基督堂的大門，正是二〇〇六年第一次來大理時走過的那座教堂，時間改變，地點沒變。

時至正午，雨停了，陽光直截了當地從天空砸在地上，讓人想找個牆角懶洋洋地喝杯咖啡。廣武路七十一號老院兒門前就有這麼一個地方。只是此時，人民路逐漸喧鬧起來，除了大量一日遊的各地遊客以外，形形色色的地攤兒也出現在街頭，多數是賣些劣質的所謂特色小商品，還有那些

／大理太白樓／

東南沿海小批發市場販來的，所謂「從尼泊爾帶回的工藝品」。大理就是這樣，文藝的、假文藝的，你喜歡不喜歡，它都會存在。

　　剛才還是豔陽之地，一回身，小雨又稀稀拉拉地掉了下來。和朋友一起溜達到太白樓，老闆段貓貓不在，我們自個兒點兩個小菜，要一壺「黯然銷魂」。「黯然銷魂」是太白樓一款自釀梅子酒，和櫻花樓酒勁生猛的自釀梅子酒不同，「黯然銷魂」喝著很順，但不知不覺就可能過頭，喝斷片兒也有可能。靠在二樓木質窗框前，看著窗外短暫停留在此的遊人，雨滴落在窗戶上面的遮雨棚上，滴滴答答，和朋友聊天、小酌，享受這短暫但愜意的時光。

　　美好的時光總是更容易覺得短暫，十多天後，離開大理。那天，天空一片雲都沒有，就像一年前那一刻，在梅里，藍得讓人傷感。

　　又過了一年，再過去一年，一次又一次梅里轉山之後路過大理。停留幾日，會會朋友，返回北京，扎進霧霾中。每每回想大理，清靜之地，不必茶和咖啡，哪怕一杯清水，都足夠美好。就像梅里雪山，站在、坐在或躺在它面前，不管日照金山還是漫天迷霧，能不能看見，它都在那裡……

昌明文庫·悅讀中國 A0607009

轉山：在梅里遇見自己

作　　者	白繼開
版權策畫	李煥芹
發 行 人	林慶彰
總 經 理	梁錦興
總 編 輯	張晏瑞
編 輯 所	萬卷樓圖書股份有限公司
排　　版	菩薩蠻數位文化有限公司
印　　刷	百通科技股份有限公司
封面設計	菩薩蠻數位文化有限公司

出　　版　昌明文化有限公司

桃園市龜山區中原街 32 號

電話 (02)23216565

發　　行　萬卷樓圖書股份有限公司

臺北市羅斯福路二段 41 號 6 樓之 3

電話 (02)23216565

傳真 (02)23218698

電郵 SERVICE@WANJUAN.COM.TW

大陸經銷

廈門外圖臺灣書店有限公司

電郵 JKB188@188.COM

ISBN 978-986-496-441-3

2020 年 12 月初版二刷

2019 年 3 月初版

定價：新臺幣 320 元

如何購買本書：

1. 轉帳購書，請透過以下帳戶

　合作金庫銀行　古亭分行

　　戶名：萬卷樓圖書股份有限公司

　　帳號：0877717092596

2. 網路購書，請透過萬卷樓網站

　　網址 WWW.WANJUAN.COM.TW

大量購書，請直接聯繫我們，將有專人為您

服務。客服：(02)23216565　分機 610

如有缺頁、破損或裝訂錯誤，請寄回更換

版權所有·翻印必究

Copyright©2020 by WanJuanLou Books CO., Ltd.

All Right Reserved　　　　**Printed in Taiwan**

國家圖書館出版品預行編目資料

轉山：在梅里遇見自己 / 白繼開著. -- 初版.
-- 桃園市：昌明文化出版；臺北市：萬卷
樓發行, 2019.03

　　面；　　公分

ISBN 978-986-496-441-3(平裝)

1.人文地理　2.梅里雪山

683.8　　　　　　　　　　108003129

本著作物由五洲傳播出版社授權大龍樹（廈門）文化傳媒有限公司和萬卷樓圖書股份
有限公司（臺灣）共同出版、發行中文繁體字版版權。